なぜか目標達成する人が
頑張る前にやっていること

［著者］チームドラゴン桜
TEAM DRAGON ZAKURA

東洋経済新報社

はじめに

「頑張れない」「頑張っているはずなのに」……原因は「頑張る前の準備」にあった

「努力しているのに、結果が出ない」

「頑張ろうという気持ちはあるんだけど、なかなか物事が前に進まない」

この本を開いた人の多くが、こんなお悩みをお持ちなのではないかと思います。

人生において、**目標に向かって努力したいと思うもの**はたくさんあります。

「頑張って第1志望の学校に合格したい」

「勉強して資格を取りたい」

「任されたプロジェクトを頑張りたい」
「溜まっている仕事をなんとかしたい」
「何か新しい作品をつくりたい」
「新しく始めた趣味を継続させたい」

人生というのは挑戦の連続であり、努力して目標を達成したいと考えるタイミングは無数に存在することと思います。

でもそんな中で、**「結果が出ない」「うまくいかない」と悩む人はとても多い**はず。頑張ったら頑張った分だけ結果がついてくるなら誰も苦労しませんし、気持ちの問題だけで物事が解決するなら誰も悩みませんよね。

努力の結果は「頑張る前の準備」で決まる

実はその悩みは、「頑張っているとき」に解決できるものではありません。物事をスタートしてしまったときにはもう遅い。

「始める前の準備」によってこそ、解決の糸口が見えてくるものなのです。

朝起きるときに、寝る前に目覚ましをセットしていればスムーズに起きることができると思います。逆に、目覚ましをセットしていないと、寝ているときにどう頑張っても寝坊を防ぐことはできませんよね。

それと同じで、**勉強や仕事の効率を上げて目標を達成するためには、「努力する前の準備」が大事**なのです。

「勉強法」研究のスペシャリスト集団

僕たちがそう考えるようになったのには、1つの根拠があります。

東大生の努力を分析していると、その共通点として、**「努力のための準備期間」がきちんと存在する**ことがわかったのです。

僕たちチームドラゴン桜は、漫画『ドラゴン桜2』の制作・情報提供のために発足した、**「『勉強法』研究のスペシャリスト集団」**です。現役東大生や有名予備校講師、大学の准教授など、多くの人材が集結して、次のようなことをしています。

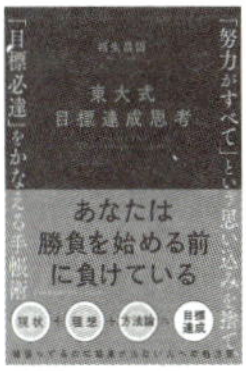

東大式　目標達成思考
「努力がすべて」という思い込みを捨て、
「目標必達」をかなえる手帳術

地方から東大に合格した著者が、東大生がどのようにして目標を達成しているのかを、手帳に注目して語っている本です。どんな手帳を使っている人が、成績を上げたり挑戦が成功したりしやすいのかについて教えてくれます。
相生昌悟著、日本能率協会マネジメントセンター

・東大生300人以上にアンケートを実施し、彼ら彼女らの勉強のしかた、使っていた参考書、生活習慣、目標達成のための試行錯誤のしかたなどのデータを収集
・彼ら彼女らに細かくインタビューして、大学の教育学部の先生からもご意見を伺いながら分析
・分析結果をもとに、実際に全国の学校現場に「リアルドラゴン桜プロジェクト」という形で情報提供、学生からの生の意見を収集
・これらのことを、東洋経済オンラインをはじめとするネットメディアで公開

代表は、現役東大生作家で『ドラゴン桜2』の編集協力もした西岡壱誠です。彼は高校3年生の時点では**偏差値35だったにもかかわらず、そこから東大に逆転合格した、まさに「リアルドラゴン桜」な人物**です。

僕たちは、次の「リアルドラゴン桜」たちを輩出するべく、さまざまな活動を行っています。実際に、**高校3年生のときに数学が0点だったところから東大合格した人**や、**高校3年生のときに勉強時間がほぼ0だったところから東大合格した人**など、数多くの「リアルドラゴン桜」を生んでいます。

2023年度入試では、タレントである**小倉優子さんの大学受験**を支援しました。

MBSテレビ『月曜日の蛙、大海を知る。』の企画で、「シングルマザーで子どもを3人育てながらタレント活動をする小倉優子さんが、大学合格を目指す」というプロジェクトをお手伝いさせていただいたのです。

僕たち「チームドラゴン桜」が総出で手伝い、さまざまな科目を分担しながら支援した結果、第1志望の早稲田大学こそ合格は果たせなかったものの、学習院女子大学補欠合格、白百合女子大学合格を勝ち取ることができました。

300人の東大生を調べてわかった「努力の前の準備」

そんな僕たちが**東大生の努力を分析し、実際に受験生に実践してもらってわかってきたのが、「努力の前の準備」という概念**です。

東大生は、勉強する前に手帳を使って勉強するべき内容を整理したり、自分の状況を分析した上で月のはじめに勉強計画を練ったりして、受験戦略を立て、その上でそれを実行に移しています。

そうした準備の習慣が身についているからか、**東大生は社会に出た後も、仕事の面でも「準備」をして、結果を出していきます。**仕事の前にしっかり目標を数値で決め

自分にあった方法が見つかる！
勉強法図鑑

自分に合った勉強法を探すためには、とにかくいろんな勉強法を知る必要があります。「こんなやり方をしてみたら、何か変わるかも」という期待を持って、ぜひ読んでみてください。
西岡壱誠著／東大カルペ・ディエム著、TAC出版

たり、優先順位を上手に定めたりしているのです。

本書は、そんな**東大生たちの「努力の準備」をまとめたもの**です。

これまで努力がうまくいかなかった、結果が出ずに苦しんだ経験があるという人が、さまざまな分野で努力して結果を出せるようなテクニックをご紹介させていただければと思います。

それでは、スタートです！

目次

はじめに

PART 0

あなたとあなたの仕事はどれ？「性格」と「仕事」には4つのタイプがある
——目標を達成する人は「得意な仕事・苦手な仕事」を自覚している

INTRODUCTION

「自分のタイプ」×「仕事のタイプ」で、「目標達成率100%の準備」がわかる

準備は「自分と仕事の相性」によって変わる

「仕事や勉強の失敗」には、さまざまなタイプがある

みなさんは、**仕事や勉強をしていて、失敗してしまった経験**はありますか？

たとえば、「この書類、期日までに頼むね」と言われていたにもかかわらず、**期日をすぎてしまった**なんて経験、あるのではないでしょうか。「経理作業は毎月末までに終わらせてね」と言われていたにもかかわらず、締め切りを守れない人って多いものです。

逆に、直近の仕事は期日どおりにできるけれど、**長期的にやらなければならない仕事を溜め込んでしまう人**もいるのではないでしょうか。1カ月後までにコツコツやらないといけない仕事が終わらない、夏休みの宿題を積み残してしまって8月31日に泣きながら終わらせた、そんな人もいるかもしれません。

ほかにも、**「楽しくないとできないタイプ」**の人もいるでしょう。気分が乗っているときであればうまくいくけれど、乗っていないとなかなか頑張れない、という人っていますよね。

逆に**「楽しさはどうでもいいけれど、しっかり指示されないとできない」**という人もいるでしょう。やるべきことを細かく指定されたほうがいいタイプと、そうでないタイプがいると思います。

ここまで、いろいろな「仕事や勉強の失敗例」をお話ししてきましたが、おそらくみなさんも、**どれかには当てはまる**のではないでしょうか？

全部当てはまったという人は少ないと思いますが、一部のものに関しては**「あ、それは自分もやったことがあるな」「これは自分のことだなあ」**と思ってくださったのではないかと思います。

さて、僕が何を言いたいのかというと、**仕事や勉強など、努力をして何かを成し遂げようとするときには「困難」があり、その困難には「たくさんの種類」があるということです。**

会社で働いていれば、**「明日までにこれを終わらせてくれ」**と言われることもありますし、**「1カ月後までにこういう仕事をしてくれ」**と言われることもあり、両方を同時並行で進めないといけません。

あなたの人生をダメにする勉強法
「ドラゴン桜」式最強タイパ勉強法で結果が変わる
やって効果のない勉強をしたくはないですよね。この本は「やってはいけないこと」を教えてくれる過程で、効率的に学ぶために必要なことを学べます。
青戸一之著、西岡壱誠監修、日本能率協会マネジメントセンター

自分の頭を使って考えなければならない仕事もあれば、**頭を使わないでひたすら単純作業として頑張らなければならない仕事**もあります。

「これ」という1つのものだけを終わらせればいいわけではないのです。

どんなタイプの仕事が得意かは、人それぞれ

そして、仕事が多種多様なのと同様に、**みなさんの性格や性分というのも、多種多様**です。

単純作業が好きな人もいれば、複雑な作業のほうが頭を使えて楽しいという人もいるでしょう。

コツコツ仕事をするのが好きな人もいれば、仕事はいっきに終わらせるタイプだという人もいるでしょう。

1人ひとり、「これが得意」「これが苦手」というものがあるはずです。

ここで、問題が1つあります。それは、**得意なことだけをやっていればいいわけではない**、ということです。

単純作業が好きな人でも、複雑な仕事をしなければならないことはあるでしょう。いっきに終わらせたいタイプの人でも、コツコツやらなければ終わらない仕事を任されることがあるはずです。

「自分のタイプは固定されているのに、努力の種類は複数ある」というのが、努力してもうまくいかなくなってしまう、いちばんの要因だと言えるのです。

勉強でも同じです。

たとえば受験では、基礎問題を解きまくって問題に慣れなければならないこともありますし、応用問題をうんうん唸りながら解かなければならないこともあります。次の日に宿題を提出しなければならないこともありますし、1年後の受験から逆算して勉強のスケジュールを決めなければならないこともあります。

多種多様な努力を、しっかりこなさなければ合格できないわけです。

でも、**受験生の性格・タイプは変えられません**。基礎問題を解くのが得意な人も応用問題が解けるようにならなければならず、コツコツ努力するのが苦手な人も長期的な計画を立てなければならないのです。

「自分に向かない仕事」こそ、「準備」が威力を発揮する

では、どうすればいいのか？

東大生のような、それでも合格をもぎ取っている人たちは、どのようにこの問題に対処しているのか？

それこそが、「準備」です。**自分の性格・タイプをしっかりと理解し、自分の性格・タイプと違う努力をするための準備をする**のです。

決して、自分の性格やタイプを変えるわけではありません。**「苦手なことに挑戦するための準備」**をしているのです。


たとえば、コツコツ勉強することが苦手で、いっきに終わらせるほうが肌に合っているというある受験生は、自分の勉強内容を分割して、「いっきに終わらせる日」を月に何日か設定することで対応していました。

自分が楽しめないと単純作業は難しいという人は、その単純作業に制限時間を設けることで「ゲーム化」して努力していました。

自分が苦手な分野と向き合うときにこそ、「準備」によって努力のしかたを変えていたわけです。

まとめると、努力がうまくいかないなら、2つのステップが必要です。

STEP1　自分の性格・タイプをしっかり把握する
STEP2　自分の性格・タイプ以外の努力をするときには、しっかりと「準備」する

この2つのステップを踏めば、**努力するときの「落とし穴」にハマらないようになるわけです。**

この本では、**PART0で「自分の性格・タイプをしっかり把握する」**ための分類をご紹介します。そして**PART1以降では、「自分の性格・タイプとは違う努力をするときに必要な準備」**のしかたを、みなさんにご紹介します。

本書をうまく活用すれば、**誰でも「自分のタイプに合っていない努力」が苦ではなくなり、目標をクリアできるようになります。**頑張ってください！

「数字のセンス」と「地頭力」がいっきに身につく
東大算数

努力をするときには、やるべきことを考えて、それに対してかかる時間を計算する必要があります。「数学的なセンスは努力の成功率にも影響を与える」ということを教えてくれる1冊です。
西岡壱誠著、東洋経済新報社

PART 0

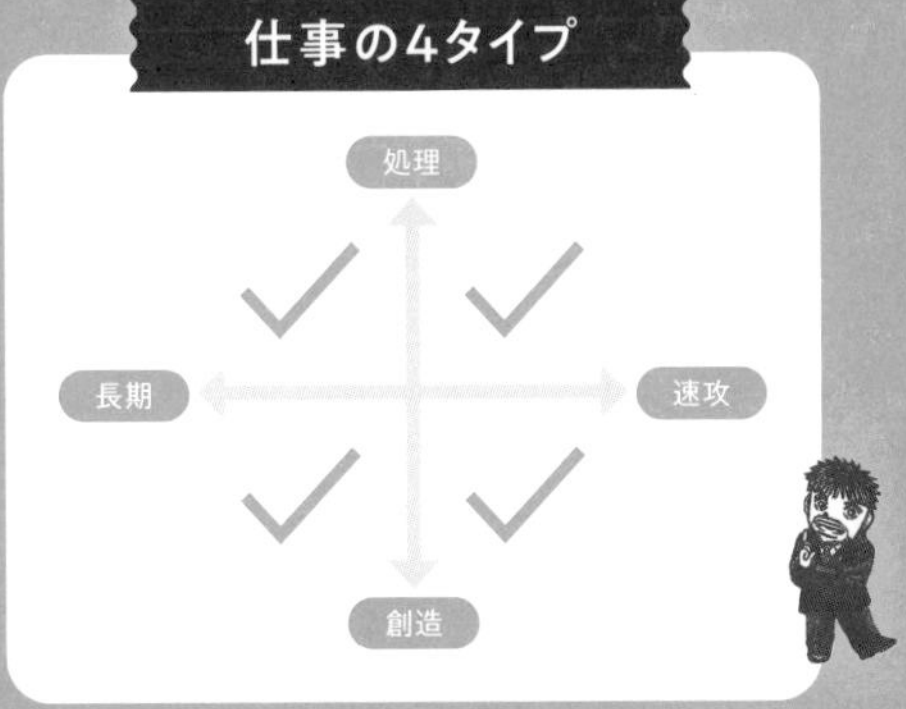

あなたとあなたの仕事はどれ？「性格」と「仕事」には4つのタイプがある

目標を達成する人は「得意な仕事・苦手な仕事」を自覚している

PART0では、**みなさんの性格・タイプを、4つに分類**していきます。

あなたはどっち？「カメタイプ」「ウサギタイプ」

まず、みなさんは**「カメタイプ」**と**「ウサギタイプ」**、どちらのタイプでしょうか？

努力するとき、つまりは勉強や仕事、挑戦をするとき、自分は性格的に「どんな努力のしかたが肌に合っているのか」ということを考えなければなりません。その1つが、「カメタイプ」と「ウサギタイプ」です。

カメタイプ：慎重で、丁寧にコツコツと物事を進めるのが得意なタイプ
ウサギタイプ：瞬発的で、いっきに結果を出すのが得意なタイプ

カメタイプの人は**丁寧に物事を積み上げていきたいタイプ**です。1日1日コツコツとスケジュールを立てて、挑戦していきます。それだけに、自分の立てたスケジュールが崩れることはすごく嫌がる傾向があります。三日坊主にはなりにくいけど、瞬発

力はありません。

一方、ウサギタイプの人は、**あまり計画を立てず、その日の気分で努力**をします。スケジュールを立てても崩壊するけど、ゴールの前日に辻褄が合うようなタイプですね。逆に、コツコツ努力することはとても苦手な傾向があります。瞬発力はあるけれど、三日坊主になることが多いです。

要するに、**コツコツとやっていきたいのか、いっきに結果を出したいのか**、という違いですね。これについて、『ドラゴン桜』ではこのように触れられています。

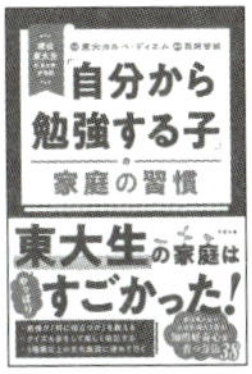

「自分から勉強する子」の家庭の習慣

東大に合格する子どもの家庭では、親御さんはどのようなところに気をつけていたのか。それをまとめた1冊です。東大生の家庭と同じ環境を整えることで、子どもの成績向上だけでなく、自分の挑戦の成功率アップにもつながります。

東大カルペ・ディエム著、西岡壱誠監修、すばる舎

『ドラゴン桜』10巻・89限目「ウサギ派とカメ派」

ウサギと…カメ？
そうだ ウサギ派とカメ派が受験という名のレースをするのだ
ウサギ派は精神的な起伏があって不安定
長距離をイーブンペースで走るのは苦手
でもダッシュするパワーに優れ集中力が高まった時の爆発力を持っている
後半に一気に追い上げるタイプで部活を熱心にやっていた生徒に多い

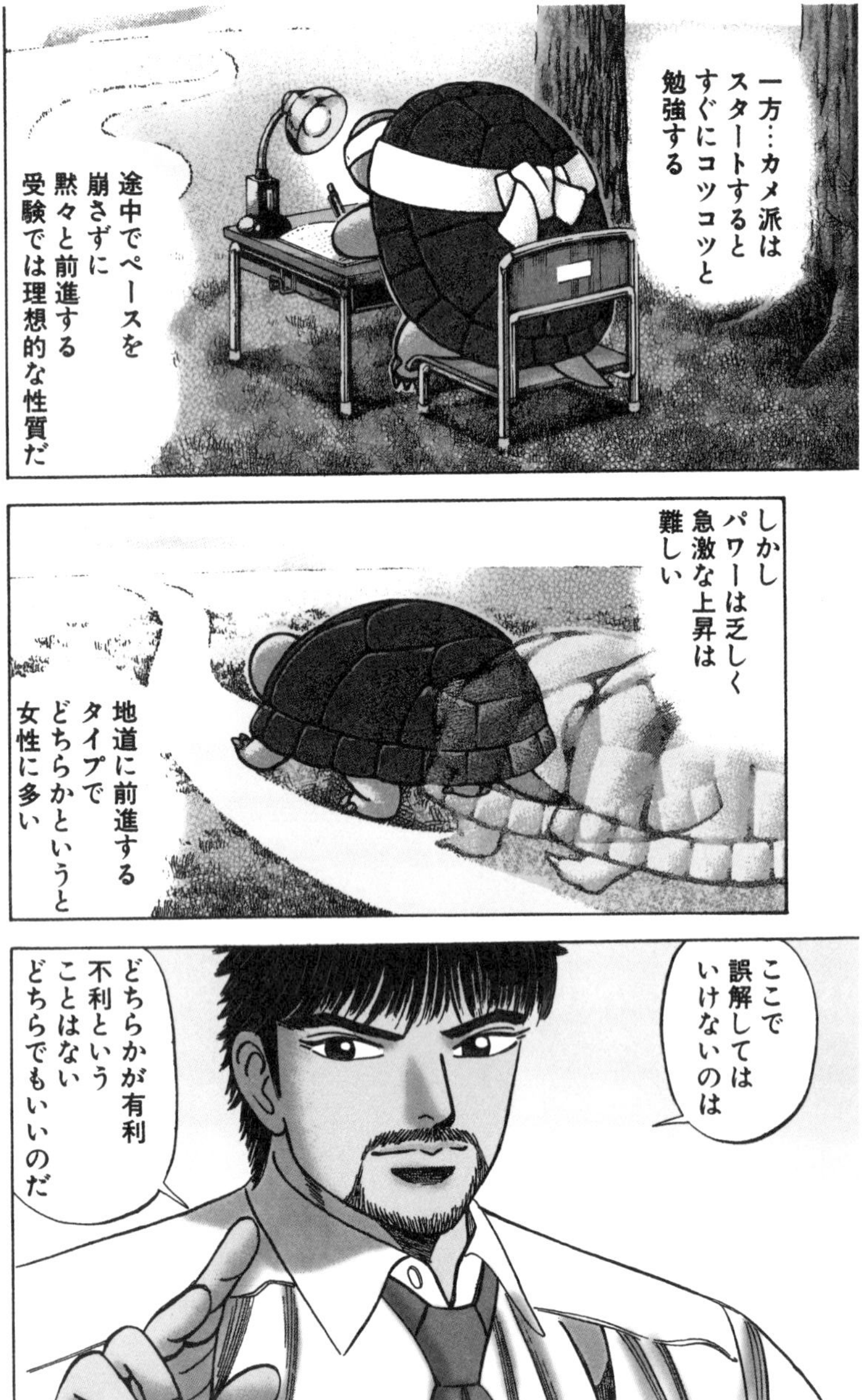
一方…カメ派はスタートするとすぐにコツコツと勉強する
途中でペースを崩さずに黙々と前進する受験では理想的な性質だ
しかしパワーは乏しく急激な上昇は難しい
地道に前進するタイプでどちらかというと女性に多い
ここで誤解してはいけないのは
どちらかが有利不利ということはないどちらでもいいのだ

GOAL
受験はレースだが1位になる必要はない
どのような方法でもゴールを通ればいいのだ
GOAL
たとえ最下位でも合格は合格
なのにカメ派はウサギ派がすごい勢いで追いついてくると焦って不安になる
逆にウサギ派はカメ派の努力を見て遅れている気になって焦って不安になるんですよね
その不安を取り除いてやるためにも生徒がウサギ派かカメ派か知っておくことは重要だ

さて、「ウサギとカメ」の有名なエピソードに沿って考えていけば、**「カメのほうがいいの？」と考えてしまうかもしれませんが、そんなことはありません。**ウサギタイプの人は瞬発力があり、速く物事を終わらせることができます。

東大生にも両方のタイプの人間がいて、どの人もそのタイプに合った勉強をしていました。どちらが優位というわけではなく、**ただの得意・不得意の話でしかない**のです。

仕事・勉強にも「カメ型」「ウサギ型」がある

そう、これは「得意・不得意」の話でしかありません。それもそのはずで、**仕事や勉強もまた、「カメ型の仕事・勉強」と「ウサギ型の仕事・勉強」の2つのタイプがある**からです。

カメ型の仕事・勉強：1年後や数年後などの、長期的な視野でやらなければならないこと

ウサギ型の仕事・勉強：今日・明日などの、短期的な視野でやらなければならないこ

と

夏休みの宿題や大学受験、1年〜数年単位でのプロジェクトは「カメ型」で、**明日の小テストの勉強や明日までの経理作業・すぐにレスポンスをしなければならないメールなどは「ウサギ型」**だと言えるでしょう。

そして、もうおわかりだと思いますが、**「自分のタイプ」と「努力するべき物事のタイプ」が一緒なら、努力はスムーズにうまくいきます**。ウサギタイプの人はウサギ型の挑戦が得意ですし、カメタイプの人はカメ型の挑戦が得意です。

逆に言えば、**仕事や勉強において大変なのは、「自分の性格と合わないこと」もしなければならない**点にあります。

ウサギタイプの人でも大学受験をしなければならないこともありますし、長期的なプロジェクトを任されることもあるでしょう。カメタイプの人でも「明日までにこれやっておいて！」というような仕事をしなければならないこともあるはずです。

自分のタイプと合致した勉強・仕事だけをしていればいいというわけにはいきませ

東大で25年使い続けられている
「自分の意見」の方程式　最強のアウトプットの作り方

自分の意見を持ち、他人にそれをぶつけることは、挑戦をする上でとても重要な観点だと言えます。そのためには、適切なステップで意見をつくる必要がある、ということをこの本は教えてくれます。
西岡壱誠著、KADOKAWA

ん。**僕たちはみな、「苦手なこと」と向き合わなければならない**わけです。

あなたはどっち？「クリエイタータイプ」「ビジネスマンタイプ」

勉強・仕事など、努力に関連する人間のタイプとして、もう1つ、**「クリエイタータイプ」**か**「ビジネスマンタイプ」**かという違いがあります。

クリエイタータイプ：自分のやり方でやりたい、何か新しいことを生み出したい

ビジネスマンタイプ：やり方は誰かに教えてほしい、新しいことを生み出すのではなく、うまく回していきたい

クリエイタータイプは、誰かから細かく指示されるのが苦手で、**「やり方も含めて自分で考えたい」**というタイプです。

それに対してビジネスマンタイプは、誰かから細かく指示を出されるほうが楽で、逆に指示が少ないと**「もっとやり方を教えてほしい」**と感じるタイプです。

0から1、つまり新しいものを生み出したいと思うのがクリエイタータイプで、1

から100、いまあるものをうまく大きくしていきたいと考えるのがビジネスマンタイプです。

仕事・勉強にも「クリエイター型」「ビジネスマン型」がある

そしてこれも、先ほどと同じように、努力の種類も「クリエイター型の仕事・勉強」と「ビジネスマン型の仕事・勉強」に分けることができます。

クリエイター型の仕事・勉強：0から1を生み出さなければならない仕事、手探りで頑張らなければならないこと

ビジネスマン型の仕事・勉強：やること自体は明確で、それを順調にこなしていく必要があること

たとえば、**まだ整備されていない仕事や、参考書や参考になる論文などが少ない分野の勉強**は「クリエイター型」だと言えるでしょう。やらなければならないことを、自分で0から考えなければならない、手探りな状態ですね。

教えない技術
「質問」で成績が上がる東大式コーチングメソッド

物事を熱心に教えるのではなく、自分で考えて答えを出せるところまでサポートするためにはどうすればいいかについてまとめてあり、人の挑戦を応援するときにはおすすめの本です。
西岡壱誠著、星海社

それに対して「ビジネスマン型」は、**人から引き継いだプロジェクトのマネジメントだったり、勉強しなければならない内容自体はわかっている状態**ですね。

クリエイター型のタスク・挑戦に対して、もちろんクリエイタータイプの人であれば、**「自分でやり方も含めて考えていいんだ！ 自分流でできて気楽だ」**と考えることでしょう。逆にビジネスマンタイプの人であれば**「うーん、やるべきことが明確じゃないからどうしようか」**と思い悩むことと思います。

ビジネスマン型のタスク・挑戦に対して、クリエイタータイプの人は**「もうやるべきこととか決まってて、つまらないな」**と感じるかもしれません。逆にビジネスマンタイプの人は**「やるべきことが明確でありがたい！」**と考えるかもしれませんよね。

あなたはどれ？ 頑張り方は4タイプに分かれる

「ウサギとカメ」「クリエイターとビジネスマン」。

この2つの軸で考えると、**努力するときの性格は次の4つに整理できます**。

A：ウサギ×クリエイター：気分屋でせっかち

自分の気の赴くままに努力するのが合っているタイプ

強み：すぐに成果が見えるような仕事で、自分が決めていい裁量が多いほうが頑張れる

弱み：でも、じっくり進めていかなければならないものや、やるべきことが決まってしまっているものは、つまらなく感じて三日坊主になりがち

B：カメ×クリエイター：マイ

あなたはどれ？ 努力と向き合う4つの性格

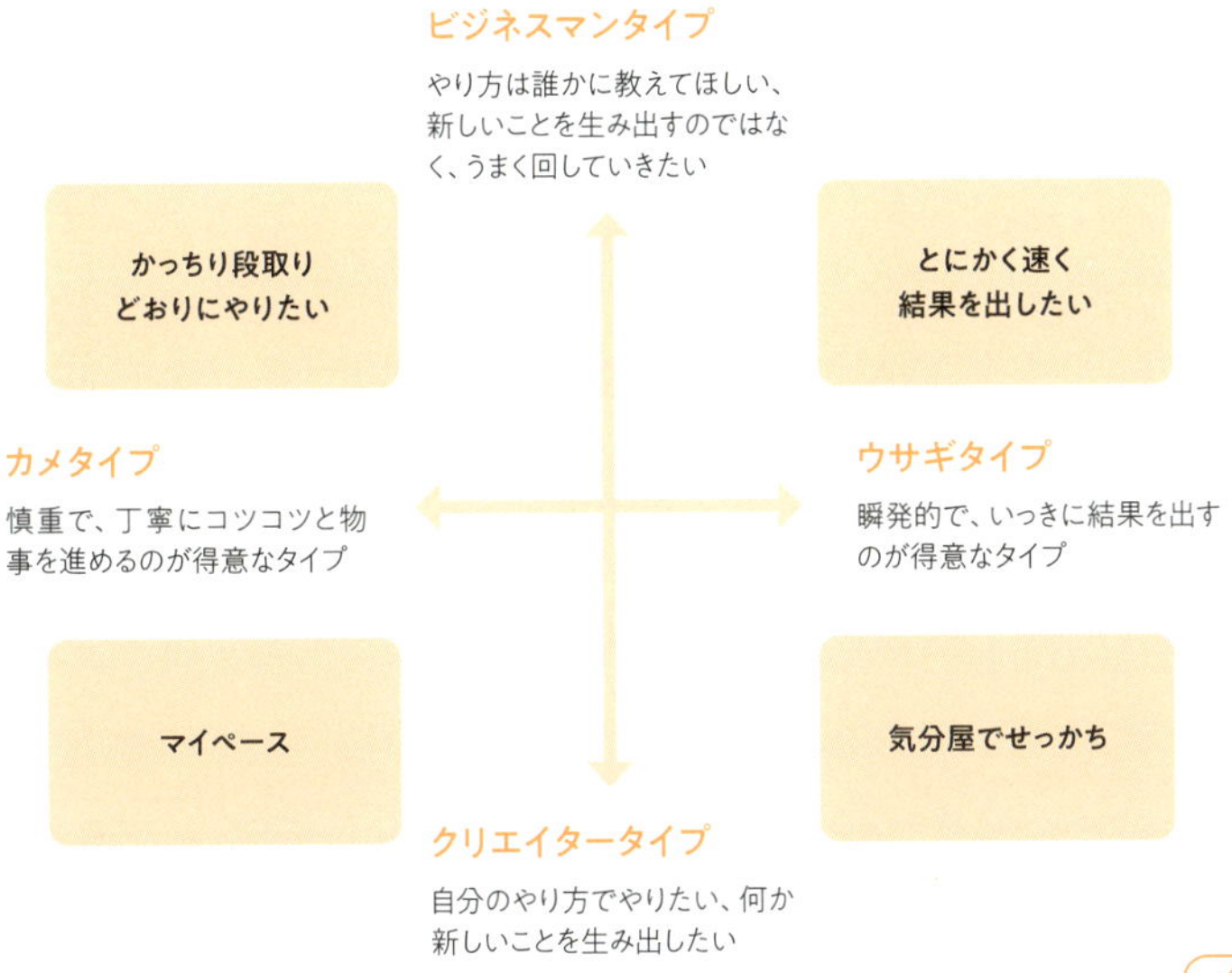
ビジネスマンタイプ
やり方は誰かに教えてほしい、新しいことを生み出すのではなく、うまく回していきたい
かっちり段取りどおりにやりたい
とにかく速く結果を出したい
カメタイプ
慎重で、丁寧にコツコツと物事を進めるのが得意なタイプ
ウサギタイプ
瞬発的で、いっきに結果を出すのが得意なタイプ
マイペース
気分屋でせっかち
クリエイタータイプ
自分のやり方でやりたい、何か新しいことを生み出したい

ペース

人から言われたペースではなく、自分のペースで頑張るのが合っているタイプ

強み：大器晩成ながら大きな成果を上げやすく、自分なりのペースでよければ努力が継続しやすい

弱み：すぐにやらなければならないことや、自分のペースではなかなかコントロールできない仕事（突発的にやることが発生する仕事など）は難しい

C：ウサギ×ビジネスマン：とにかく速く結果を出したい

言われたとおりに努力して、目に見える成果を持続的に出していきたいタイプ

強み：やることが明確で、結果が見えるタイプの仕事であればどこまでも走っていける

弱み：やることを自分で決めなければならない仕事や、結果がなかなか見えてこないタイプの仕事は難しい

D：カメ×ビジネスマン：かっちり段取りどおりにやりたい

仕事も勉強も、段取りを細かく決めてやっていきたいタイプ

強み：やるべきことを段取りどおりにこなしていくことはすごく得意
弱み：スケジュールが守れなくなると崩れるのが早く、短時間に集中するのは苦手

さて、これが「努力するための性格」の4タイプですね。

あなたのタスクはどれ？ 仕事は4タイプに分かれる

そしてこの4タイプと対応するように、**仕事にも4つのタイプがあります**。

A：【速攻×創造】型タスク（ウサギ×クリエイター）
やるべきことは不明確だが、速く終わらせたいもの
勉強例：レポート提出など。できれば速く終わらせたいが、なかなかとりかかるのが大変
仕事例：会議資料づくりなど。速く終わらせたほうがいいのはわかっているが、後回しにしがちなもの

B：【長期×創造】型タスク（カメ×クリエイター）

やるべきことが不明確で、挑戦の期間が長いもの

勉強例：大学受験など。いろいろな勉強をしなければならない上に、挑戦の期間が長い

仕事例：初めてのプロジェクトのマネジメントなど。やるべきことが何なのか、まだわかっていない

C：【速攻×処理】型タスク（ウサギ×ビジネスマン）

やるべきことは明確で、速く終わらせたいもの

勉強例：暗記勉強など。何を終わらせるべきかはわかっているし、できれば速く終わらせたいもの

仕事例：経理作業やデータ入力など。単純作業なので、いっきに終わらせたいもの

D：【長期×処理】型タスク（カメ×ビジネスマン）

やるべきことは明確だが、挑戦の期間が長いもの

勉強例：資格取得など。何を勉強すればいいかはわかっていて、挑戦の期間が長い

その仕事はどれ？
仕事・タスクの4パターン

処理

いっきに多くの
物事をクリアしたい

やるべきことは明確だが、挑戦の期間が長いもの

勉強例：資格取得・どんなことをすればいいかはわかっていて、挑戦の期間が長い

仕事例：引き継ぎしたプロジェクトのマネジメント・仕事内容は明確だが、それをずっと長期的に続けていかなければならないもの

やるべきことは明確で、速く終わらせたいもの

勉強例：暗記勉強・何を終わらせるべきか、わかっているし、できれば速く終わらせたい

仕事例：経理作業やデータ入力など・単純作業なのでいっきに終わらせたいもの

長期

じっくり努力して
先の結果がほしい

速攻

いっきに努力して
速く結果がほしい

やるべきことが不明確で、挑戦の期間が長いもの

勉強例：大学受験・いろんな勉強をしなければならない上に挑戦の期間が長い

仕事例：初めてのプロジェクトマネジメント・やるべきことが何なのかまだわかっていない仕事など

やるべきことは不明確だが、速く終わらせたいもの

勉強例：レポート提出・できれば速く終わらせたいが、なかなかとりかかるのが大変

仕事例：会議資料づくり・速く終わらせたほうがいいのはわかっているが、後回しにしがちなもの

創造

ゼロから何かを
生み出してクリアしたい

もの

仕事例：引き継いだプロジェクトのマネジメントなど。仕事内容は明確だが、それをずっと長期的に続けていかなければならないもの

「ウサギ×ビジネスマン」の人なら、単純作業は得意な場合が多いです。でも、長期的なプロジェクトや自分で0から考えて手を動かさないといけない仕事は大変でしょう。

「カメ×クリエイター」なら、コツコツ自分のペースでやればいい仕事は得意かもしれませんが、パパッと終わらせないといけない単純作業は苦手だという場合が多いでしょう。

このように、努力にはいろんなパターンがあって、その努力が自分に合ったものかどうかはわからない、というのが非常に難しいところです。

「自分の性格と合わない努力をしなければならない」とき、人は目標を達成するのが難しくなってしまうのです。みんながみんな単純作業が苦手なわけではないし、みんながみんな「やり方を指示されたい」と願っているわけではないわけです。

自分のタイプを知り、苦手な仕事は「準備」でカバーする

まずは、**自分がどのタイプなのか自覚する**ことです。

どんな努力をするときにつらいと感じることが多いのか、逆に「これだったら得意かもしれない」という努力は何なのか、しっかりと向き合ってみましょう。

そして、**「自分の性格に合わない努力」をしなければならないときにこそ、努力する前に、「努力する準備」をしなければならない**のです。

自分の性格に合っていないからといって、「できない」わけではありません。そのまま「気合で頑張ろう！」と思ってぶつかっていっても、その努力をやり切るのは難しいかもしれない。

でもだからといって、できないわけではなくて、**適切な準備を行えば、うまくいく**ものなのです。

本書ではここから、この**「適切な準備のしかた」**について、整理していきます。

PART1【速攻×創造】型タスクの前の準備

無理せず自然に成績が上がる勉強のトリセツ
東大生の合格手帳術

東大生は自分の勉強において手帳をどのように使っていたのか、どんな振り返りの仕方をしていたのかについて、偏差値39から東大に受かった著者が語っている本です。

松島かれん著、日本能率協会マネジメントセンター

PART2【長期×創造】型タスクの前の準備
PART3【速攻×処理】型タスクの前の準備
PART4【長期×処理】型タスクの前の準備

自分が得意な努力のPARTは、ひとまず読まなくて大丈夫でしょう。

まずは**自分のタイプ以外の、3つのPARTを読み進めるだけで、あなたの頑張りはきっと、「100%報われる」ものになる**はずです。

では、いよいよ次から、それぞれのタスクにとりかかる前にやるべき「準備」を、具体的に紹介していきます！

PART 1

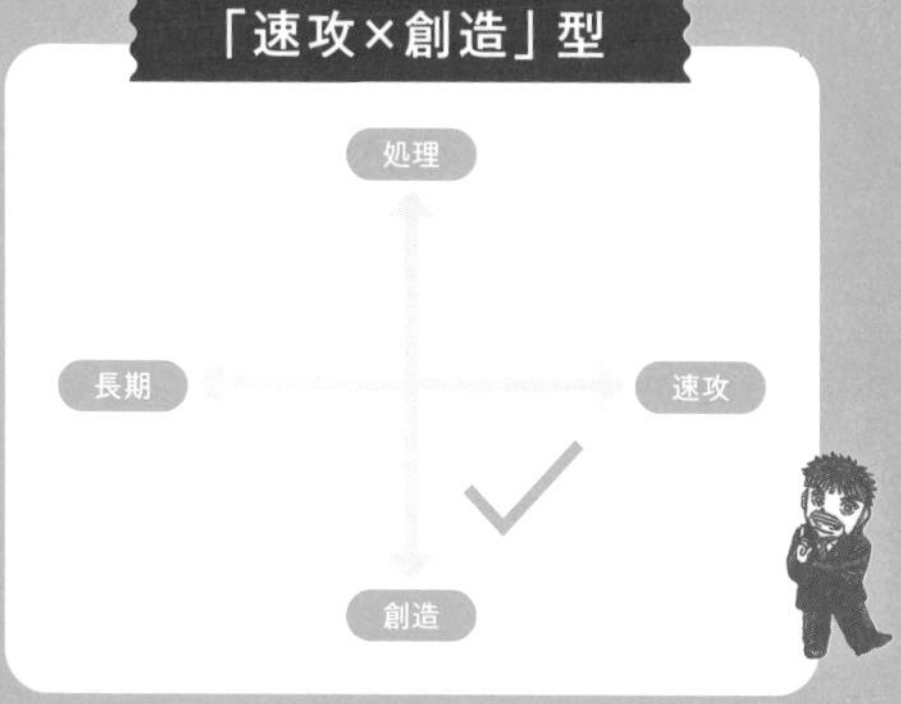

「何から始めるべきか、わからない」が一生なくなる4つの事前準備

目標を達成する人は「やるべきこと」を即座に明確化する

まずは、**【速攻×創造】型の挑戦・タスク**です。

「速く終わらせたほうがいいのはわかっているけれど、なかなか腰が上がらないような、ちょっと大変な作業・勉強」をクリアするためにはどうすればいいのか？　ということですね。

たとえば、レポートの提出や会議資料づくりを考えてみてください。速く終わらせたほうがいいのはわかっているけれど、なんとなく後回しにしてしまう場合が多いですよね。

さて、これはなぜ後回しにしてしまうかというと、**「なんとなくやるべきことが明確じゃないから」**だと考えられます。

「明日の会議資料をつくろう！」と考えたとしても、「でも、何から手をつけたらいいんだろう？」ってとき、ありますよね。どんなアジェンダにすればいいか想像がついていないと、ズルズルと時間がたってしまい、気がつけば1時間くらい何もできていない、なんてこともザラです。

「細かいタスクの処理はできるけれど、こういう頭を使う系の仕事は苦手なんだよなぁ」と思う人もいるかもしれませんね。

そうならないようにするためには、どうすればいいのでしょうか？

PART1では、**4つの方法**をみなさんにお伝えしようと思います。マインドの面とテクニックの面から、2つずつお話ししていきます。

速効×創造

マインド 1

適切に面倒くさがる

——頑張る前に「正解のやり方」を調べてみよう

まず、こうしたタスクに向き合うときに重要なマインドは、「**適切に面倒くさがる**」ということです。

多くの人がこうした「やらなければならないことはわかっているんだけど、頭を使う仕事なので面倒だと感じてしまう」系の仕事や勉強を努力しようとするとき、立ち止まってしまいます。机の前に座って、「うーん」と悩んでしまう。

そうして、**その考えている時間がムダになってしまう**ことも多いです。

そうならないようにするためには、**まずは調べてみる**必要があります。こちらの漫画をご覧ください。

『ドラゴン桜』12巻・108限目「面倒臭い」

川幅は約20m
流れは遅く深さは最大で腰のやや下ぐらいまでだが上流にも下流にも橋は見当たらない
向こう岸にどうしても渡りたい…さあ井野《いの》先生どうする…？
どうって…橋はないけど渡らなきゃいけないんでしょ
濡れるのはイヤだけど靴を脱いで川の中を歩いて渡るわね

高原先生も宮村先生も川の中を…
え…ええそうですね渡らなくてはならないのなら
なぜそうするのか…その理由を言い当ててやろうか
え…
川を渡る術《すべ》…例えば橋を探すのが面倒臭いから…
違うか…?
あ…
ああ…まあそういうことね
では…同じ質問を東大生にしたらどうなるか…
ほぼ全員こう答えるだろう…

自分だったら
濡れずに楽《らく》に
渡れる方法を探す
…とね
どうやって？
だって橋は
ないんでしょ
？
橋はなくても
渡し舟が
あるかもしれない
まずは民家を探して
そこに住む人に
どうやって川を
渡っているのか
尋ねることもできる…
ああ…
なるほど…
そんな…あるかも
わからないものを
探して回るなんて
イヤよ…
面倒臭いわ
ところが…
東大へ行くやつの
発想は違う…
たとえ
遠回りに思えても
まずは情報を集める

あいつらは…
濡れるリスクを
冒して川に入って
自力で渡るほうが
面倒臭いと
考えるのだ
自力で渡るのが
面倒臭い…
だからって
民家や橋を
見つけるまで
延々と歩くわけ?
時間の無駄よ
頭悪いわ
あいつらは
決してそうは
思わない
頭とは…
自分の力を
極力使わず
楽《らく》をするために
働かせるもの
だからな
情報集めの
ほうが絶対
面倒よ
安易に川に入って
濡れて歩くほうが
後々大変になると
考えているんだ

今の話の中には
東大型も私大型にも
共通するキーワードが
ひとつ含まれている
それは
〝面倒臭い〟
御茶ノ水駅
つまり…
どんな人間でも
面倒臭いことは嫌い…
できるだけ楽《らく》をしたい
生き物なのだ
しかし
起点が同じでも
そこからの発想は
違ってきてしまう
一方は…橋や舟を
探して遠回りするのは
面倒臭い
一方は…川に入って
自力で渡るのは
面倒臭い
この両者の違いは
情報の大切さを
認識しているかだ

さっき井野先生は指導方針を自分で考えると言った…
そ…それはそうよ
調べたり資料探したりするの面倒臭いじゃないそれより自分の経験をもとにして考えたほうが…
これは色々と指導法を調べたりするのは面倒臭いと考えるからだろ
そういう場合…東大出たやつは違う…
彼らは…自分で新たに考えることが面倒臭いのだ
だから人がすでに考えていて効果のあるものを探しそれを利用したほうが楽《らく》で効率的だと考えるんだ

いかがでしたか？　**「前に同じように考えた人がいないかを調べる」**というのが、目標を達成する人の思考だということです。

要は、**いま自分が向き合っている課題と同じ課題に向き合った人はいないか**を調べてみるのです。

≫ その悩みは、すでに誰かが解決している

歴史が始まって長い年月がたっていますし、現代ではこんなにインターネットが発達しています。ChatGPTを使えばどんな質問にも回答が返ってくるようになりました。いままで自分が思ったのと同じような疑問を持ったり、同じような状況に陥っていたりする人もいるでしょう。

そういう人がどうしていたのか調べれば、**自分で考えるよりもよっぽど速く、いい解決策が見つかります**。自分で答えを出さなくても、そういう人たちがもう悩みに対する解決策を考えてくれているはずだからです。

逆に、その悩みを持ったのが「世界で自分が初めて」のように考えていては、いつ

までたってもうまくいきません。

ちょっと脱線しますが、「試験中に緊張しないテクニック」として有効なのが、**「ほかの人がどんな顔をして問題を解いているか確認すること」**です。カンニングにならないようにしつつ、周りの人がどんな表情で問題を解いているのかを観察するのです。

自分が試験を受けているときでも、ほかの人はどう考えるかを思考する。すると、**状況を俯瞰で見ることができ、冷静になれて、いい結果を得ることができる**可能性が高まるわけです。

これと同じように、**「自分が直面している悩みを、ほかの人はどのようにクリアしたのか」**をしっかりリサーチしてみましょう。これをとにかく、一度調べてみるのです。

会議資料づくりなら会議資料づくりについて、レポート執筆ならレポート執筆について、ネットで調べて、同じ悩みを持っている人を探すのです。ブログでもSNSでも、何でもいいので、探してみましょう。

そうすれば、いまみなさんが抱えている問題にどのように対処すればいいのか、見えてくるはずです。

「思考」が整う
東大ノート。

思考整理をしたり、物事を覚えたりするためにはどうすればいいのかということについて述べている本です。何かに挑戦するときに、どんなメモを取ってどんな学び方をすればいいのかについてまとめています。
西岡壱誠著、ダイヤモンド社

結果を出す人は「特別なこと」なんてやっていない

またちょっと脱線するのですが、星新一先生のショートショートに、「古代の秘宝」という作品があります。これは、主人公が学者に古代の遺跡を探索させ、長命の種族の秘密を解読させる、という物語です。

ネタバレになってしまいますが、学者は長命の秘密を解き明かすことに成功します。それはなんと、**「早寝早起き、そして腹八分」**ということでした。古代の隠された秘宝なんていっても、なんてことはない、とても当たり前でみんな知っていることでした、というオチです。

さて、この話を聞いてみなさんはどう思ったでしょうか？　これはただの物語でしかありませんが、実はこれって、非常に示唆的です。

基本的に、**「悩み」に対する解決策は、多くの先人が考えてくれています**。たとえば哲学は古代ギリシャの時代からスタートしていて、「なぜ生きるのか？」「なぜ死ぬのか？」ということは、この時代にもう議論されつくしていたりします。

ほかにも演劇のつくり方・ベストセラーのつくり方は、最新のＡＩが研究したものとギリシャの時代に考えられたもので、ほぼ乖離がないと言います。

これと同じで、そして桜木先生が言っているとおり、実は目標を達成している人って、特殊なことをしているわけではありません。どうすればうまくいくのかを考える能力が高いというわけではないのです。

「どうすればうまくいくのか」の答え自体は、ネットでも本でもすでに存在していて、それをしっかりと探せるかどうかが重要なのです。

ですから、まずは「適切に面倒くさがる」ことです。**「自分で考える」ことを面倒くさがって、**まずは自分のいまの悩みと同じ悩みを持った人はいないか調べればいいのです。そうすると、きっと解決策が見えてくるはずです。

速効×創造

マインド1 まとめ

- **「自分で考える」のは面倒で、時間のムダ**
- **「先人はどうしたか」を調べることで時間と労力を節約する**

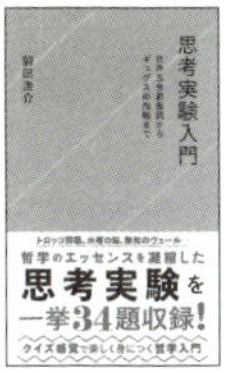

思考実験入門
世界五分前仮説からギュゲスの指輪まで

東大卒であり、現在は名門高校で教鞭を執る著者が、思考実験というテーマから「粘り強く考えるためにはどのように思考すればいいか」についてまとめている1冊です。
前田圭介著、東大カルペ・ディエム協力、星海社

速効×創造

マインド
2

スケジュールをギチギチに組む
——頑張る前に〝スピード・シンプル・システム〟で「迷う余地」をなくそう

みなさんはスケジュールどおりに物事を進めていくタイプの人ですか？　それとも細かいスケジュールを決めないタイプの人ですか？

あまりスケジュールを決めず、「これを終わらせる」というノルマで考えていくという人も多いと思います。スケジュールでギチギチに縛られると、うまくいかないことも多いですし、スケジュールどおりにいかなかったときに計画が破綻してしまうから、あまり細かく決めるとよくないイメージもあると思います。

実際、長期的に物事をクリアしていく際には、あまりスケジュールで決めないほうがいいです（これについてはＰＡＲＴ４でご紹介します）。

速く終わらせるならスケジュールが効果的

しかし、今回の「速く終わらせたほうがいいのはわかっているけれど、なかなか腰が上がらないような、ちょっと大変な作業・勉強」に関しては、完全にスケジュールを決めきって実践していくマインドを持ったほうがいいのです。

まずは、入試直前期の勉強について、『ドラゴン桜2』で桜木先生が語っているシーンをご覧ください。

『ドラゴン桜2』15巻・120限目「3つのS」

拙速上等！
この精神で走り出すことが大事だ！
鉄則その2 シンプル！
やることは最小限にする！
ダン
ダン
あれもこれも手を出さない！やることはこれと決めて資源を集中的に投下する！
ダン
ダン
ポイントを絞り局地戦で圧倒的に勝つ！

鉄則その3 システム！制度！
仕組みを作ること！
最も合理的で効率的な制度設計を行う
仕組みを作ったらそれに従う！
頭で仕事をするな！システムに働かせろ！
余計な感情を一切 排除し仕組みだけで成果を出すのだ！

迷いをなくすためには**「スピード」**を重視して、**「シンプル」に考え、そして「システム」的に物事を処理していく**ほうがいいということでしたね。
そして、そのためにスケジュールで考えていこうという話でした。

「ズルズル後回し」を避けるためにはスケジュールを決めるしかない

「ちょっと大変な作業」って、後回しにしてしまいがちです。

「なかなかやる気になれないなぁ」と、どんどん後ろに回していって、**ほかの「やることが明確ですぐに終わるような作業」に逃げてしまいます**。

テスト前に部屋の掃除を始めてしまって、なかなか勉強が手につかなかった経験をしている人はいませんか？　あれは、テストという差し迫ったものがある中で、勉強という「やるべきことが明確ではない」ことを目の前にして、それ以外の**「明確なタスク」を処理するほうに逃げてしまっている**という状態だと言えます。

後回しにしないためには、結局もう、**時間を決める**しかありません。

「この時間には、これを終わらせよう」「何時になったらこれを始めよう」と、**スケ**

ジュールをガチガチに決めてしまったほうがいいのです。

しかも、そうやってスケジュールを決めると、**時間制限をつくる**ことができます。

後でもう少し詳しくお話ししますが、「ちょっとクリエイティブな面も含まれる、少しだけ大変な作業」って、**時間をかけようと思ったらいくらでもかけられてしまいます**。本気で考えれば企画案づくりに10時間かかるかもしれない。

でも、**時間をかければいいものができるわけでもない**のが、この手のタスクの難しいところです。ですから、時間の制限を決めてしまうことです。

「この日までに終わらせる」「このタイミングで終わらせる」と、もうカレンダーに入れてしまえばいいのです。

やるべきことを決めきってしまって、**システムで自分を縛る**。これこそが、ちょっとやりたくない仕事を乗り切るコツなのです。ぜひ参考にしてみてください。

速効×創造
マインド
2
まとめ

- **「ちょっと大変な作業」は後回しにしてしまいがち**
- **スケジュールで縛ればとりかかれるし、「時間制限」にもなる**

東大式時間術

週に3日、アルバイトをしながら東大に合格した著者が、東大生がどのように時間を使っているのか、どのように時間と向き合えば結果が出るのかについてまとめてくれている1冊です。

布施川天馬著、扶桑社

速効×創造

テクニック 1

作業をステップ化する

——頑張る前に「やるべきことを可視化」し、順番に並べよう

ここからは、おすすめのテクニックをご紹介します。

まずは**「ステップ化」**です。

先ほどから何度も述べていますが、結局「やるべきことが明確でない」状態だと、何もうまくいきません。だから努力しようにも、どんなことをやっていいかわからずに途方に暮れてしまう場合が多いのです。

逆に人間は、**やるべきことが可視化されている状態というのがいちばん行動に移しやすい**です。

たとえばコンビニでアルバイトしているときに、「レジでお客さんを待たせないコンビニを目指そうね」と言われても、行動に移せない人は多いです。

だからコンビニチェーン店のマニュアルには、「レジに2人以上お客さんが待っていたら応援に行くこと」と、具体的な指示が載っているところがあります。

牛丼店チェーンでも「お客さんのコップの水が少なくなったらお水を追加してね」ではなく、「お客さんがコップを45度以上傾けたらお水を追加すること」と具体的な数字も伴って指示が書いてあります。

「お客さんに優しくしようね」みたいな抽象的な言葉ではなく、こうやって**具体的に書いてあると、行動に移せる人がぐっと多くなる**のだそうです。

≫ やるべきことを「ステップ化」すれば、やる気は自然と湧いてくる

ということで重要なのは、**漠然としてしまっている「やるべきこと」を分解して、列挙すること**です。

努力して目標を達成する人は、この**分解のスキルが高いから、やるべきときにしっかりと努力をすることができる**のです。「数学をやる」ではなく、「数学の何ページから何ページを、これくらいのペースで、これくらいの速さで終わらせる」を明確に持っている場合が多いのです。

結果を出す人の多くは、**「ステップ化」**というスキルを活用して、目標を分解しています。

1つの目標にも、いろんなステップがありますよね。たとえば「数学の問題集を3ページやる」ということでも、

・まずは問題を1回解いてみる
・その採点をする
・解説を読む
・できていないところをノートに書く

なんて具合に、ステップにできるはずです。

「この単語帳を終わらせる」ことを考えていたとしても、「まずは1回、軽く通しで見てみる」「その後、もう1回復習する」「最後にテストして、できないところを再度復習する」というステップにできるかもしれません。

「参考書10ページなので、まずは簡単な3ページ分を終わらせて、残りの7ページは後日」のように、ページ数で切り分けてもいいですし、「まずは図書館に行って席

東大式
数値化の強化書

自分の努力を数値化して測るためには、数字に直すための技術を知る必要があります。どうすれば目標を数値で測れるのか、この本から学んでみましょう。
永田耕作著、彩図社

を確保する。次に本を開いて、20ページまで読み進める」というように行動計画でも問題ありません。

とにかく細かく、**自分が行動に移せるレベル**まで落とし込んでみます。

仕事も「ステップ化」でスムーズに進む

仕事のタスクでも同じです。たとえば資料作成なら、

- まずは前回の資料を用意する
- 資料を参考にアジェンダを作成する
- そのアジェンダを1つひとつ記入していく
- 自分がわからないところや必要なところは上司のAさんに加筆をお願いする

というように整理できるでしょう。

「夏休みの宿題をやる」にしても、「まずはノートを用意する」「そこの1ページ目に、こういうことを書き出す」「次にネットでこういうことを調べる」と、やるべきことを分解して考えます。

頭の中でやるべきことを分解して、1から順番にやっていくのです。「この本を読む」みたいな簡単なものだったとしても、「まずは席に座る」「本を右手で持つ」「左手でページをめくる」と、本当に細かく行動や動作を分解するのです。

イメージとしては、**自分の身体という名前のロボットをボタン操作で動かす**ような感覚です。こうして行動を分解できれば、やることが明確になって、ゲームのように1つひとつの動作を完了させていく感覚で物事に取り組めます。

「本当にやる気が起きない」というのであれば「とりあえず机の前に座る」ところから始めてもいいですし、「友だちと一緒に終わらせるために、友だちと日程の調整をする」ということからやってもかまいません。

とにかくステップに落とし込んで、**最初の一歩を明確化する**のです。この能力が優れている人ほど、目標を行動に移しやすいのです。

これについて、『ドラゴン桜』では「万里の長城がどのようにつくられたのか」ということを具体例に説明しています。

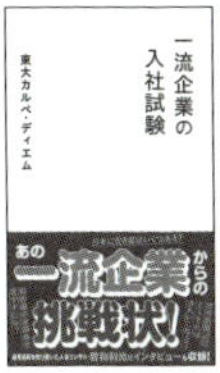

一流企業の入社試験

就活で苦労する人もいるかもしれません。就活も一種の挑戦ですから、ぜひ人気の就職先にどんどん挑戦してみましょう。そのときに、この本は役に立つかもしれません。
東大カルペ・ディエム著、星海社

とてつもなく高い目標を立てて それに向かって なんの迷いもなく 努力を続けられる人は ごく少数だ
大学受験の目標を 東大に決めても やっぱり無理と 途中で諦《あきら》める場合が 多いように
そうならないため どうするか
そのヒントが 万里の長城の工法に ある
身近で 達成しやすい目標を 用意するのだ
勉強のできない生徒は どこからやれば いいのか わからないのだ 手の届く目標があれば 挑戦しだす

『ドラゴン桜』6巻・55限目「万里の長城」

できたことを実感し
成果があがれば
生徒のやる気は
旺盛になる
よし…
目標に向かって
少しずつでも
前進している
という手ごたえは
重要だ
工匠たちが遠方へ
送られる途中に
できていく城壁を見て
興奮しながら次の工区へ
向かっていったように
最重要ポイントは
教師がテストに
良問を揃《そろ》えることだ
簡単な出題で
点を取らせることだけに
目を奪われないよう
気をつけること

ここで桜木先生が言っているとおり、自分が立てた小さな目標をクリアできれば、**達成感が得られて、また新たなやる気が湧きます**。

仮にうまくいかなかったとしても、具体的な目標であればどこが悪かったのかを反省して、**修正が容易になります**。

だからこそ、ステップ化が重要ということですね。

「ステップ化を試みる」こと自体が大きなプラスをもたらす

さて、みなさんがこれを実行しようとしたときに、最初のうちは **「どうステップ化していいかわからない」** という事態が発生するかもしれません。

「えーと、この問題集を解くのって、何をするんだっけ?」

「この仕事って、どこから手をつけて、次は何をするってことになるんだ?」

とフワフワしていてステップにできない……なんて人もいると思います。

しかし、**実はそれこそが問題**なのです。はじめの一歩を踏み出すのがなぜ難しいのかというと、**ステップがイメージできていないから**なのです。

ステップにできないというのは、つまりは**「何をどう取り組んだらいいかわからない」**ということにほかなりません。そんな状態で何かを始めることはできませんし、そんな状態だから「やる気が起きず、始めるのが大変な状態」になってしまうのです。

ステップ化しようとしてみることで、

「ああ、自分は何をしていいかわかっていなかったんだな」

「ステップにするために、何か本とか記事とかで調べて、自分が何をするべきなのかを調査してみよう」

と、細分化のための努力をし始めることができます。

つまり、**「ステップにしようとする行為」それ自体が、「やるべきことを整理するためのステップ」**だと言えるのです。

分解されて「そうか、これをやらなければならないのか」ということが明確になると、ちょっとずつやる気が回復していくものです。**やるべきことが整理できれば、あとはそのとおりに努力していくだけ**になるわけです。

速効×創造

テクニック
1
まとめ

- 「やるべきこと」をステップに落とし込めば、自然とやる気が湧いてくる
- ステップ化しようとすること自体が、「やるべきこと」の解像度を高める

速効×創造

テクニック
2

時間制限をつくる
——頑張る前に「何時間かけるか」を決めよう

さて、もう1つご紹介したいテクニックは、**「たこ焼き型」で時間を考える**というものです。

いきなり食べ物の名前が出てきて驚いた人もいるかもしれませんが、時間に対する考え方について**「たこ焼き」**と**「もんじゃ」**を例にして考えるとわかりやすいのです。

まず、たこ焼きともんじゃのつくり方はまったく異なることをご存じでしょうか？　たこ焼きは、専用のたこ焼き機の穴に1つひとつ生地と具材を落としていくのに対し、もんじゃは、最初に鉄板に具で「土手」と呼ばれるドーナツ状の輪をつくって、そこにもんじゃの生地（汁）を注いでつくりますよね。

これら2つの大きな違いは、**つくった生地の調整ができるかどうか**というところにあります。たこ焼きに関しては、それぞれの穴に目分量で生地を入れることで、ある程度の微調整をすることができます。生地の量が足りないなと思えば後から継ぎ足すこともできますし、食べたい分だけ穴に生地を入れればよいのですから、余らせるか使い切るかも自由に判断できます。

一方で、もんじゃのほうは、土手が完成次第、すべての汁をいっきに投入しなくてはいけません。土手から汁があふれ出してしまい、鉄板上で大水害が起きてしまうこともしばしばだと思いますが、基本的にはもんじゃの汁は一発勝負となってしまい、微調整がききません。

時間は「たこ焼き型」で管理しよう

なんとなく察している方も多いかとは思いますが、**理想的な時間の使い方は前者の「たこ焼き型」**になります。

つまり、**それぞれのタスクに対して、何時間で処理するのかということを最初に決めてしまう**のです。その日の作業時間全体の中からだいたい何時間ずつ（もしくは何分ずつ）割り振ることができるかということを考えて、これくらいの時間で終わらせるという時間を設定しておく方法です。

ただし、この方法をとる場合には、**かならずバッファとして余りの時間を設けなければなりません**。計画というものは絶対にどこかで狂いが生じるものだからです。

最初からカツカツなタイムスケジュールを組んでしまうと、何かの作業が延びたときに、別の作業で同じ分だけ早めなければいけません。

しかし、最初に余裕を持っておけば、最悪間に合わなくても、**時間の貯金を崩すことで全体として差し引きゼロにする**ことができます。

生地が足りないたこ焼きに後から生地を足していくように、長引きそうならバッファの時間から継ぎ足して調整をするという方式になります。

この方法のいいところは、**タスクに制限時間をつけることができる**ことに加えて、**1日の見通しもある程度つけることができる**という点にあります。

タスク処理の際の時間の使い方の基本は、**「自分の調子を鑑みて、適切な時間に適切なタスクを配置する」**となります。

前もって「このタスクにはどれくらいの時間がかかりそう」という予想だけしておけば、たとえば「このタスクは30分以内に終わるから、この後すぐ、朝のうちに片づけよう」「これはとても長引きそうだから、最後に回して余った時間を全部使おう」

などと作戦を立てることができます。

そして、**制限時間があると、人間はだらだらしてしまうことが少なくなります。**

たとえば「19時には絶対に提出してね」と言われたとしたら、19時までに終わるように仕事を組み立てますよね。何がなんでも19時までには完成させようと思って、一部妥協をしながらも仕事を組み立てることでしょう。

たこ焼きの型に生地を入れるように、「ここまで」というラインがあったほうが、人間は効率よく物事を終わらせることができるのです。

「もんじゃ型」時間管理はムダが多い

一方で、後者の「もんじゃ型」はアルバイトの働き方に似ています。

「今日は○時間働かなくてはいけないから○時間働く」くらいの意識しかないと、非常に効率が悪い状態で働いている可能性があります。それは、**「手段の目的化」**という現象が起きてしまうためです。

手段の目的化とは、「目的を達成するためにある手段をとる」という構造が逆転し

偏差値35から東大に合格してわかった
頭がいい人は○○が違う

頭がいいと言われる人は、どんな部分が人と異なっているのかについて語った本です。これがしっかりと理解できている人は、どんな努力をするにあたっても一定の成果が出せるようになるはずです。
西岡壱誠著、日経BP

てしまい、**「この手段をとるためにこの手段をとっている」**という状況になることを言います。

本来アルバイトというものは「○時間働いて、その中でこの作業を行う」というように働くべきです。ですから、ある作業が終わったら別の仕事を探して従事することが理想的な働き方になります。

しかし、なかなかそうできないのが世の常です。モチベーションの上がらない仕事の最中などに「今日は○時間アルバイトかぁ、そしたらとりあえず○時間だけいればいいか」と思ったことはありませんか?

この場合、**「アルバイトの時間を潰す」**ということが目的になってしまっていて、アルバイトとして雇われた際の目的であった作業補助員としての役割が見失われてしまっています。**「時間いっぱい使っていい」という意識につながりかねない**のです。

ですから、タスクを処理していこうとなった際には、かならず「もんじゃ型」ではなく、「たこ焼き型」で考えましょう。

桜木先生はこのことを、**「マラソンをするのではなく、短距離走のイメージ」**と説明しています。

ふーん そうかあ納得
では 勉強に 当てはめて みると……
40日間で何を するかといった 長期計画は 立てない
その代わりに 毎日のノルマを 決める

『ドラゴン桜』8巻・76限目「マーキング勉強法」

ノルマって…でも　それ…
今までとどこが違うの？
例えば数学の2次関数を2時間やるというように時間割では決めるだろう
けれども　その2時間を漫然と勉強してしまったら期待通りの実力はつかない
2次関数
2時間
計画
ノルマ
その点ノルマなら15問　問題を解くというように具体的にやるべきことが決まっている
ノルマが終わるまでやめてはいけない理解するまでねばるのだ
逆に予想時間より早く終わればそれ以上解く必要はない休憩してリラックスすればいい

各教科に具体的なノルマを設定してそれを毎日確実にクリアしていくことに専念するのだ
つまりいきなりマラソンをする気ではなく
ダッシュを何本もってことか
そうだ夏休みにはイーブンペースで長く走ろうと思うのではなく
短距離のダッシュを毎日繰り返してパワーをつけるイメージで勉強だ
さっきも言ったが低いハードルは意味がない適度の負荷がないと実力はつかない
自分にぴったりのノルマを見つけられるように夏の間は毎日ノルマを調整していくのだ

「短距離走を繰り返す」イメージで取り組む

マラソンのような苦行に耐える時間が長いスポーツではなく、**短距離をいかに速く走るかというスポーツのほうに、思考回路自体を変えなければならない**というわけですね。

そしてそのために重要なのは、**「その時間内で、何をどれくらい終わらせるか」を考える**ことです。

仮に「今日は、3時間くらいは勉強することができるな」という場合は、勉強を始める前に、しっかりと**「その時間内で何をどれくらい終わらせるか」というノルマを決めます**。「よし、じゃあ問題集の100〜130ページを、3時間以内で終わらせるぞ！」という感じですね。

そして、3時間より短い時間で終わったのであればいったん休憩にして、極力制限時間以上はかけないようにするのです。

こうすることで、だらだらと長い時間勉強してしまうことを防止できます。

「思ったより時間かかっちゃったな」を防止するために、あらかじめ「この時間内

で終わらせる」という制限をつくっておくわけです。ぜひ、試してみてください。

速効×創造

テクニック
2
まとめ

- 時間を制限し、その中で何をするかを明確に決める「たこ焼き型」で時間を管理する
- 努力は「短距離走を繰り返す」イメージで

PART 1

「速攻×創造」型

「何から始めるべきか、わからない」が一生なくなる4つの事前準備

マインド1 適切に面倒くさがる

- 「自分で考える」のは面倒で、時間のムダ
- 「先人はどうしたか」を調べることで時間と労力を節約する

マインド2 スケジュールをギチギチに組む

- 「ちょっと大変な作業」は後回しにしてしまいがち
- スケジュールで縛ればとりかかれるし、「時間制限」にもなる

テクニック1 作業をステップ化する

- 「やるべきこと」をステップに落とし込めば、自然とやる気が湧いてくる
- ステップ化しようとすること自体が、「やるべきこと」の解像度を高める

テクニック2 時間制限をつくる

- 時間を制限し、その中で何をするかを明確に決める「たこ焼き型」で時間を管理する
- 努力は「短距離走を繰り返す」イメージで

PART 2

「長期×創造」型

「頑張りが続かず、サボってしまう」が一生なくなる5つの事前準備

目標を達成する人は「迷う余地」を意図的に排除する

次は、**【長期×創造】型のタスク**です。

勉強で言えば、準備に1年以上かかる大学受験が好例でしょう。いろんな勉強をしなければならない上に挑戦の時期が遠いですからね。

または、会社で初めてのプロジェクトのマネジメントも当てはまりますね。やるべきことが何なのか、まだわかっていない仕事です。

まだまだ型が定まっていないし、何から手をつけていいかもわからない。

そんな**「途方もない挑戦」を前にして、多くの人はモチベーションが続かなくなってしまいます**。「もうやめてしまいたい」と考えてしまったり、「やるぞ!」と思っていたのに三日坊主になってしまったり……。

結局、**「頑張り続ける」というのがいちばん大変**です。努力すれば結果につながるわけですが、**努力し続けることができないから、結果が出ない**わけです。

そんな挑戦に、どのように向き合えばいいのでしょうか？

PART2では、マインドの面3つ、テクニック面を2つ、あわせて5つの方法をみなさんにお伝えしようと思います。

マインド 1

「とりあえず」で決断する

——頑張る前に「3カ月は迷わない」目標を定める

長い時間をかけて何かに挑戦しなければならないとき、**いちばん大変なのは、「悩んでしまう」ということ**です。メンタルの問題で、挑戦が継続しない人がとても多いのです。

たとえば、**「こんなことをやっていて、結果につながるんだろうか？」「いまの努力は形になるのだろうか？」**と考えてしまって、努力しようという意識がどんどん薄れてしまうことって、ありますよね。

そんなふうにメンタルの面で意識が低くなってしまうと、簡単に途中で投げ出してしまいます。そうならないようにするためには、どんな思考をする必要があるのでしょうか？

「ゆだねる人」は、モチベーションが続かない

これについてお話しするために、みなさんに1つクイズです。

大学の進路や文理選択、受験校や受験学部を選ぶときに悩む人は多いと思いますが、次の3種類のうち、どのタイプがいちばん成功しやすいでしょうか？

A：長い時間考え込んで、なかなか決めきれないタイプ

B：「とにかくこれを選んでみよう」と、とりあえず決めるタイプ

C：自分で結論を出せないからと、先生と一緒に考えたり、決めてもらったりするタイプ

まず、**どのタイプがいちばん結果を出せないかというと、「すぐ答えを聞くタイプ」であるC**です。

このタイプは、一見人から話を聞いていて賢い選択をしているように見えますが、自分の頭で考えずに何でも人に聞いている、**自分で判断する習慣がないタイプ**です。

Cのタイプは、ここいちばんの勝負で、自分で判断できずに苦しみ、選べず、大事

東大生が教科別にわかりやすく教える
受験勉強法大全

受験において必要になってくるような勉強法・思考法がオール・イン・ワンで載っている本です。もっと効率的に学びたいと思う人であれば、役に立つ部分があるはずです。
西岡壱誠監修、幻冬舎

なときにこそ失敗してしまいがちなのです。

また、**Cのタイプはモチベーションが続かない**ことがあります。たとえば親御さんや先生の意見を聞くのはいいことですが、「なぜその選択をしたのか」と聞くと「親が言うから」と答えるような生徒は、本当はその選択に納得していません。だから、進路を一度選んでも、後から「こっちで本当によかったのかな」と悩んでしまいがちです。

それに対して、**AやBは「自分の頭で」判断をしています**。なかなか決めきれなくても、間違った結論であったとしても、自分で判断しています。自分の中で結論を出し、自分で決める習慣ができているので、**後からあまり悩むことがなく、ここいちばんでも自分で選択することができる**のです。

その上で、Aタイプと Bタイプは、どちらのほうが「より伸びる」タイプだと思いますか？ 僕たちの結論は、**Bタイプ**のほうです。

「悩む人」は機会をムダにする

Aタイプのほうは、長い時間考えていることから、しっかりと悩むことができていることがわかります。考える習慣があるのはとてもいいことなのですが、**「悩み」の中には、結論が出せない類いのものもあります**よね？

「どっちの参考書が自分に合っているのか」「どっちの学部のほうが、自分が楽しめるのか」など、選んだ後になってからしか正解がわからないものもあるのです。

「後悔しない選択をしよう」なんてよく言いますが、僕はこれは無理な話だと思います。

選択した後に、もっといい道が現れることも多いではありませんか。また、結果が出ないとわからないこともたくさんあるでしょう。

僕たちにできることは、「後悔しない選択をする」ことではなく、**その時々における「最善だと思う道を選ぶ」こと**だと思います。

だから、悩み続けて時間を浪費してしまうタイプは、結果が出にくくなってしまうことがあるのです。

ところで、みなさんは「ビュリダンのロバ」という話を知っていますか？　フランス中世の哲学者ビュリダンが考えたと言われるお話です。

「昔、あるところに賢いロバがいました。ロバの前には2つの道があり、1つにはたくさんの干し草が、もう1つの道にもたくさんの干し草があります。ロバにとってはどちらも同じくらいの御馳走です。さて、このロバはどんな選択をするでしょうか？」

「このロバは頭がいいので、どちらかを選ぶことができず、その場で餓死してしまったのでした」

というものです。

この話のとおり、**どんなに頭がよくても、「その場で選択できない」というのは、いい結果を生まない**ことが多いのです。

「決める人」は「最初の一歩」を踏み出せる

一方、**Bタイプは判断が速い**です。考えた上で「いったんこっちを選ぼう」と選択できます。

「答えが出ないから誰かに選んでもらおう」とするわけではなく、自分で考えつつも、とりあえずその道を選べるタイプです。**「正しいかどうかわからないが、一度こちらを選ぼう」という決断力がある**のです。

このタイプは、モチベーションも持続しやすいです。

たとえば「自分はいまの成績で東大に合格できるかな？　ここで志望校を下げるべきなんじゃないか」と悩んだとして、Aタイプは「うーん」と悩み、勉強が手につかなくなってしまい、モチベーションが落ちてしまいがちです。

対してBタイプは、「まあ、とりあえずいまは東大を目指し続けよう！　志望校を下げるにしても、勉強しなければならないのは同じなんだから、とにかく勉強を続けよう！」と、その**悩みを断ち切ることができる**のです。

名作に学ぶ

人生を切り拓く教訓50

過去の偉人たちから力をもらうことができると、やる気も出てきます。この本は、過去の名作の中の「名言」がたくさん載っているので、それを糧にすれば、挑戦をする活力がもらえます。
西岡壱誠著、アルク

「悩みを断ち切る」ことができる人は、物事を継続しやすく、結果も出しやすいです。「決めて」「断ち切る」と書いて「決断」であり、人は決断すればそこからは速いスピードで物事に取り組むことができるのです。

英語で「決意する／悩みを終わらせる」というのは「determine」と言いますが、これは「term＝範囲」をしっかり決める、という意味になります。**ラインをしっかり定めておくことで、「ここから先は悩まない」と考える**ことができます。

『ドラゴン桜』では、桜木先生がこんなことを言っています。

『ドラゴン桜』14巻・130限目「天国と地獄」

ここが天国と地獄の境目だ
天国と…
地獄…
東大行って天国昇るか
あのクサレ母親の欲と身勝手さの渦に巻き込まれて地獄に堕ちるか

この一本の線の上に立って考えろ
まるや

悩んで動けない状態ではなく、**物事をシンプルに考えていく思考**を促しているわけですね。

「とりあえず3カ月は、何も考えない」と決めよう

おすすめなのは、**「とりあえず3カ月でいいから、何も考えずに挑戦にコミットしてみる」**ということです。余計なことはいっさい考えず、悩みを捨てて、いったん突っ走ってみる。

『ドラゴン桜』でも、**「考えるな、動け、行動するやつだけが勝つ！」**と桜木先生は言っています。

あまりごちゃごちゃと物事を考えてもうまくいきませんから、**とりあえずやってみて、それから考えればいい**のです。そうしたら、きっと違う景色が見えるはずです。

たとえば受験であれば、いろいろ悩むことがあるかもしれません。

第1志望に合格できるのか？　隣のやつはどれくらいの時間、勉強しているのか？　自分のやり方は正しいのか？　などなど。

でも、そういうのをいったん捨てて、とにかく走ってみるのです。

「目標を達成する人」とは、**「判断の速い人」**です。悩みを断ち切ってすぐに判断し、その判断を信じて努力を続けられる人が、最終的には結果を得ることができます。

ぜひ、意識してみてください。

長期×創造

マインド 1 まとめ

- **どうせわからないなら「速く決める」に価値がある**
- **一度決めたら、3カ月は何も考えずにただ、頑張る**

長期×創造

マインド 2

「息抜き」はしない

――頑張る前に「目標につながる息抜き」を見つけよう

長期にわたる挑戦に向けて努力を始めようとするとき、多くの人が気になるのは**「息抜きのしかた」**ですよね。僕たちも、受験勉強をしている人から、「受験生として、どんな息抜きが考えられますか？」とよく聞かれます。

「息抜き」なんてしないほうがいい

しかしこの質問に対して、あえて極端な回答をするのであれば、僕たちは**「息抜きなんてしないほうがいい」**と思っています。**勉強の息抜きは、勉強であるべきだ**、と。

どんなに挑戦のための努力で疲れても、**完全にスイッチを切って息抜きをするのは悪手になる可能性がある**のです。

なぜそう考えるのかについて、まずはこちらのシーンをご覧ください。

『ドラゴン桜2』12巻・94限目「タイプ別夏休みの過ごし方」

勉強するの
ええ？
勉強？

『ドラゴン桜2』12巻・95限目「目的を持って生きる」

じゃあ思いっきり遊んでみる？
思いっきりってほどではないと思うけど……
それなりにはね
それで楽しめるの？
え？

受験勉強を
中断して
リフレッシュのために
友達と遊ぶ
はたして
それで心から
楽しむことが
できるかしら
なんとなく
後ろめたい
気持ちにならない？
自分が遊んでる間に
他の受験生が
勉強してると思うと
不安にならない？
遊んでしまったことを
後悔しない？

受験も含めて、長期にわたる挑戦はよく「マラソン」にたとえられます。長時間、ゴールに向かって走り続けるもの、というイメージとぴったりだからですね。

ところでみなさんは、マラソンにおいていちばんやってはいけないことをご存じですか？　それは、**「立ち止まること」**です。完全に身体が止まってしまうと、そこから身体を動かそうとしたときに、大きなエネルギーを消費してしまいます。しゃがみ込むことや、立ち止まることは絶対にやってはならない行為で、どんなにゆっくりでもいいから、足を前に動かし続けなければならないのです。

それと同じで、**大きな挑戦の際には、一度スイッチが切れると、そのままズルズルと滑り落ちていくかのように計画が崩れていってしまう**ことがあります。そうならないようにするためには、**息抜きなんてせずに、逃げずに挑戦と向き合ったほうが、結果的にはいい**のです。

たとえば、受験生を例に考えてみましょう。

受験生は、「受験勉強」という目的がある以上、その目的から外れたことをしたとしても、楽しいとは感じられなくなります。勉強の息抜きでテレビゲームで遊んでも、喉に小骨が刺さっているかのように、どこか気分が晴れず、遊びも楽しみきれないものです。

「やるべきことから逃げている感覚」があり、結局リフレッシュすることができません。

「努力につながる息抜き」を探して、取り組もう

そんな中で、**「勉強になる漫画を読んでみる」**という方法が『ドラゴン桜2』では紹介されていました。これはたしかに有効な手段の1つです。

世界史や日本史の漫画以外にも、SFの漫画を読んで現代文で登場する知識が得られることもありますし、経済・金融系の漫画で社会を学ぶのもいいでしょう。漫画だけでなく、アニメや小説でも問題ありません。

勉強についても勉強以外についても、**何かに挑戦するのであれば、「少しでもその挑戦に関係あるような息抜き」**をするべきだと思います。

たとえば、**「ながら」で努力**をしてもいいかもしれません。アニメやテレビ、

YouTubeを見ながら努力をするという手法です。普通に何かの仕事や勉強をするよりも効率は下がるのでよくないと思われがちですが、しかし**立ち止まって何もしないよりはマシ**です。

まとめノートづくりや単語カードづくりなど、あまり脳を使わないでできる**「作業のような勉強」**もありますよね。そういう勉強に関しては、息抜きとして扱うのもありです。

仕事でも、**ラジオを聞きながら仕事をしてもいい**ですし、**食事をしながら仕事をしてもいい**です。

「息抜き」＝「遊び」と捉えるのではなく、**「息抜きのための勉強・息抜きのための努力」を探して実行する**のです。

そうすれば、目が開いている間はずっと努力していることになって、スイッチが切れず、ずっとゴールに向けたマラソンを走り続けることができるようになります。

新聞のススメ
1日15分でつくる教養の土台

新聞は、非常に重要な勉強ツールです。挑戦する前に、さまざまな情報を教えてくれます。この本では、『日本経済新聞』の記者だった著者が、どのように新聞を読めば教養をつけることができるのか教えてくれます。
高井宏章著、星海社

長期×創造

マインド2 まとめ

- 完全な「息抜き」は、せっかくのペースが崩れるのでNG
- 「努力につながる息抜き」を探して、取り組む

長期×創造

マインド
3

きっちりと睡眠をとる

——頑張る前に「起床時間」を揃えよう

さて、先の「マインド2」を読んで、**「息抜きもしないで、努力が継続できるか心配！」**と考えた人も多いのではないでしょうか？　たしかに人間、なんの休息もなく挑戦を続けられるかというと、難しいと思います。

しかし、**「休息しない」というのと、「息抜きをしない」というのは、違います。**

きちんと休息をとって、睡眠時間をとって、身体を休めながら、努力を継続するべきなのです。

≫東大生が「受験時代もよく寝ていた」理由

みなさんは、東大生って受験生時代にどれくらい睡眠をとっていたと思いますか？

昔は「四当五落」と言われ、「4時間睡眠の受験生は合格するけれど、5時間睡眠の受験生は落ちるから、4時間以上睡眠をとってはいけない！ 寝る間も惜しんで勉強しろ！」と言われたものですが、いまはそんなことはありません。

6時間以上の睡眠をとっている人がほとんどで、「寝る間も惜しんで勉強した！」と語る東大生はほとんどいないのです。

それよりも**睡眠時間をしっかり確保して、健康的な生活を送っていた受験生**のほうが合格しています。そしてどの受験生も、同じような睡眠のルールを設けています。

結論から言うと、そのルールとは**「朝起きる時間を一定にする」**というものです。

こちらの漫画をご覧ください。

人間の体は精巧にできていて不規則な生活を送っていても…
2つのポイントを守ると体調が良くなりやすいのでヒ
受験生が睡眠時間を確保するのは大変でヒ
そこで…

『ドラゴン桜』15巻・133限目「体内時計」

まず
起床時間を
6時なら6時に
一定にする
そして
起きたらすぐに
朝の光をたっぷりと
浴びるようにする
たったこの2つで
体内時計の乱れは
リセットされて
勉強で疲れた
ツライ体が
楽になるのでヒ
SEIKO

この漫画でも描かれているように、朝起きる時間がバラバラなのはよくありません。

「朝、起きる時間を揃える」意味

よく、平日は6時に起きるけど、休日はよく眠りたいので10時に起きる、なんて人もいますが、それは**身体の不調の原因**になってしまいがちです。

眠り始める時間や睡眠時間はバラバラでもいいのですが、平日も休日も同じ時間に起き、そして朝、日の光をしっかりと浴びるようにすることは非常に重要です。

朝起きる時間がバラバラだと、時差ボケと同じような状態になってしまいます。なんとなく疲れが抜けにくかったりして、身体が疲れてしまいがちなのです。

朝起きる時間を統一するというのは、**身体に対する負担を減らす**という意味で効果があるのです。

結局、身体に負担をかけた状態では走り続けられません。当たり前のことだと馬鹿にするかもしれませんが、**健康面というのはそれだけ挑戦において重要なファクター**なのです。

起床時間を整えて「ペースメイク」する

そして、きちんとした睡眠をとることにはもう1つ効果があります。それは、**「ペースメイキング」ができる**ということです。

どんなに能力がある人間でも、1カ月本気を出すだけで合格を手にできる人なんていません。**1年、2年といった長い年月努力し続ける**必要があります。

50メートルを非常に速く走れる人だったとしても、20キロメートルその走力を持続させることはできませんよね。むしろ、最初の50メートルで力を使い果たしてしまってコースアウトしたら、なんの意味もないのです。

【長期×創造】の挑戦では、短距離走のように無理をしてもあまりうまくはいかず、長く走り続けることが大事になっています。

先ほどお話ししたとおり、マラソンは、1回走るのをやめてしまうと、そこから走り出すのってとても難しいものです。無理に睡眠時間を削っても、風邪をひいてしまったりしては本末転倒です。そちらのほうが、**結果的に努力の時間が減ってしまいます**。

急がば回れ、と言いますが、挑戦で結果を得たいのであれば、いかに健康な状態で物事を継続できるかが大事なのです。

そして**そのために重要なのは、「いつもどおり」**です。

毎日一定の時間に起きて、生活のリズムを整えること。朝起きる時間を統一するのは、その**「いつもどおり」を担保するための行為**だと言えます。

睡眠時間を削らず、努力を継続できるように身体を休ませる習慣を持つこと。これは【長期×創造】型の挑戦において、非常に重要な考え方だと言えるでしょう。

長期×創造

マインド
3
まとめ

- 「息抜き」はしないが、「睡眠という休息」をしっかりとる
- だらだら寝続けずに、「毎日、決まった時間」に起きる

長期×創造

テクニック 1

形のあるものから努力を始める

——頑張る前に「結果が出やすい分野」を見極めよう

【長期×創造】の挑戦は、「**大きな挑戦**」と言えます。そんなときに使えるテクニックとして有効なのが、「**形のあるものから努力を始める**」というものです。

≫ 東大受験生は、夏休みは「理科・社会」の勉強から始める

これについて説明するために、1つクイズを出させてください。

みなさんは、夏休みが始まった直後、東大受験生はどの科目から勉強していた人が多いと思いますか？

行きたい大学や高校、中学を目指す上で、夏休みの40日間にどれくらい勉強できたのかは、とても重要なことです。東大に合格した人たちは、そんな夏休みをどのよう

に有効活用していたのでしょうか。

話を聞いてみると、5教科の中で「特に夏休みにはこの科目の勉強をしていた」と語る人が多い科目があります。それは、**理科と社会**です。

「理科と社会？　英語や数学じゃないの？」と、少し意外に思う人も多いことでしょう。

英語や数学・国語などの主要3科目よりも、暗記事項の多い理科と社会に時間をかけていた人が多いのは、いったいなぜなのでしょうか？

『ドラゴン桜』ではこのように説明されています。

小学生でも解ける
東大入試問題

東大がどのような人材を求めているのかがわかると、どうすれば頭がよくなるのかがわかります。本書は、東大が出している入試問題を分析し、一流の思考法とはどういうものかを解説した1冊です。

西岡壱誠著、SBクリエイティブ

確かに夏休みは
時間がたっぷりあり
集中的に勉強する
には最適だ
気合が入って
やる気は十分だろう
そして多くの生徒が
英国数の実力アップを
夏にしようと重点的に
取り組もうとするが
それが受験の落とし穴
落とし穴……
そうだ
最もみんなが
やってしまう失敗だ

『ドラゴン桜』8巻・77限目「理科と社会に力を注げ!」

さっき言っただろう
夏休みはマラソンを走る
イメージではなく
ダッシュを繰り返して
パワーをつける
イメージだと
あ…
そうか…
英国数は
マラソン向きの教科
じっくり走りこまなきゃ
結果が出てこないのよね
その通り

英国数は理社に比べて範囲が広く覚える量が格段に多い
問題パターンも多いから問題集をやってもすぐに何でも解けるようにはならない
夏だけでは実力がついて成績が上向いていている実感をなかなか得られない
すると始めにどれだけ気力があっても
モチベーションは次第に下がっていき最後には投げ出したくなってしまう

それに比べ理科も社会も範囲が明確で何を覚えればいいのかがはっきりしている
問題パターンも限られているから一度問題集を全て解けば後は似たような問題ばかりになる
解ける問題が増えて実力がついたと実感をもちつつ勉強を出来る
そうすればまずは気分がいい
さらに勉強への意欲も湧いて英国数に挑む勢いも出てくるだろう

この漫画でも描かれているとおり、ほかの科目に比べると、理科と社会は**「勉強するほど成績が上がっていく感覚」が得やすい科目**です。

英語や数学は、点数として結果に出るまでとても時間がかかります。それに対し、理科や社会は「ただ覚えれば点数になる」という問題も多いのです。

40日間という長い時間の中で、**「頑張っても、なかなか結果が出ない」というのは苦しいもの**です。

特に最初のうちは、頑張っても結果が出ないと、すごく苦しくなって勉強自体を投げ出してしまうことにもなりかねません。そうすると、せっかくの夏休みをムダに過ごしてしまうことになります。

そうならないためにも、**「勉強すれば勉強するほど、結果につながっている感覚がある科目」**を、最初は重点的に頑張ったほうがよいのです。

仕事でも、まずは「結果が出やすいこと」から始める

さて、これは、夏休みや受験勉強に限った話ではなく、これから**何か大きな挑戦を**

したいと思って頑張ろうと考える人すべてに共通する話です。

形のないものや、結果につながらないものから努力をしても、なかなかうまくいきません。

そうではなくて、形に残るもの・結果にすぐにつながっていくものから努力を積み重ねていく必要があります。

たとえば、「長期的に考えればやっておいたほうがいいもの」と「短期的に結果が出やすいもの」であれば、後者を優先して努力をするのです。

仕事であれば、次のようなイメージです。

- ホームページの制作よりもすぐにお金が入ってくる営業活動を優先させる
- プロジェクト運営ではコンテンツをしっかりつくり込む前に、一度実際に試作品をつくって提供してみる
- SNS運用やYouTubeチャンネルの運用であれば、とにかく多くの人が見てくれるようなコンテンツを先にいっぱい出して、自分の自己紹介やチャンネルの体裁を整えるのは後にする

結果が目に見えるようなものを優先させることで、**努力の継続性を担保する**のです。少しでもいいから前に進んでいる感覚があるものから始めたほうが、人間はその努力を継続できます。

反対に、結果が出ないことをだらだらとやっていても、結局途中で「もういいや」となって投げ出してしまうことも多いです。

ですから、**結果が出やすいもの・形になりやすいものから努力を始める**のです。そうすることによって、努力は継続的なものになっていくと言えます。

長期×創造

テクニック 1 まとめ

- **大きな挑戦では、「継続すること」が最大の課題**
- **「結果が出やすいこと」から始めて、モチベーションを持続させる**

長期×創造

テクニック **2**

残りの日数を記録する

――頑張る前に「ゴールまでの時間」を計算しよう

PART2で最後にご紹介するテクニックは、**「期日までの日数を記録する」**です。たとえば受験生であれば、今日からあと何日で試験なのかを計算して、**「共通テストまであと何日」という記録をつけ続ける**のです。

もし明確な期日がない挑戦をしている人であれば、**「この日まではこの状態になっていたい」というような「中長期的な目標」**を立ててください。そして、その日数までどれくらいなのかを毎日測るのです。

長期間の挑戦になると、**ついつい「あとどれくらいなのか」が不明瞭になってしまいます**。でも、受験まであと何日なのかを意識している人とそうでない人とでは、1日1日の過ごし方が変わってきます。**いい意味で毎日緊張感を持って過ごすことができる**のです。『ドラゴン桜』の中でも、同じ手法が紹介されています。

ん…
あと一つ…この手帳に記入してもらうことがある
あと一つ？
ああ…
取材協力：吉田たかよし氏　参考文献：吉田たかよし氏著『仕事脳　成功する人の脳の使い方』
この手帳で受験日までのカウントダウンをしろ

『ドラゴン桜』15巻・134限目「科学的安眠法」

『ドラゴン桜』15巻・135限目「カウントダウン」

まず
東大2次が
2月25日と
26日
センター試験は
その約1ヵ月前…
1月の
第3土曜日と
翌日の日曜日
10月1日なら
「あと111日
&147日」
というように
センターと2次の
両日程から逆算して
手帳の日付の横に
毎日書き入れろ
最初に
全部書くんじゃなく
毎日つけるのね

プレッシャーを「挑戦の原動力」に変える技術

「でも、そんなふうにあと何日かを意識していると、プレッシャーになっちゃうな」と思う人もいるかもしれません。

でも、**そのプレッシャーが、逆にいい**のです。東大生に話を聞くと、やはりこの**プレッシャーを力に変える技術**が高いと思わされます。

合格する人は残りの日数はもちろん、本番までにやる問題集の周回数や過去問を演習する回数などを、はっきり見えるように管理しています。

中には日数ではなく、「自分が勉強に使えるのはあと○○時間」というように、より明確に**時間でリミットを設定している人**もいました。

「避けられない用事などで、勉強に割くことのできる時間は日によって変わるし、どの勉強に何時間くらいかかるかも予測がつく。だから、残り日数より時間を意識するほうが緊張感が出るし、やるべきことも明確になる」という理由からです。

オリンピックやワールドカップなどの大舞台を前にして、スポーツ選手がよく「試合を楽しむ気持ちでいきます」とインタビューで答えるのも、緊張や重圧が自分の力を高めてくれることを知っているからでしょう。

期限までまだ時間がたくさんあっても、**自分のやるべきことが明確になっていれば迷いが消えて、ストレスを味方につけることができる**はずです。そうすれば、アスリートのように「楽しむ」というレベルまで到達できるかもしれません。

たしかにストレスは心地いいものではありませんが、**自分の力を引き出してくれる存在**だと思えば気持ちも変わってくるでしょう。ぜひ試してみてください。

長期×創造

テクニック **2** まとめ

- **残りの日数／時間をカウントし、プレッシャーを原動力に変える**
- **日数が明確でない場合は「中長期的な目標」を立て、その達成日を決める**

PART
2
「長期×創造」型

「頑張りが続かず、サボってしまう」が一生なくなる5つの事前準備

マインド1 「とりあえず」で決断する

- どうせわからないなら「速く決める」に価値がある
- 一度決めたら、3カ月は何も考えずにただ、頑張る

マインド2 「息抜き」はしない

- 完全な「息抜き」は、せっかくのペースが崩れるのでNG
- 「努力につながる息抜き」を探して、取り組む

マインド3 きっちりと睡眠をとる

- 「息抜き」はしないが、「睡眠という休息」をしっかりとる
- だらだら寝続けずに、「毎日、決まった時間」に起きる

テクニック1 形のあるものから努力を始める

- 大きな挑戦では、「継続すること」が最大の課題
- 「結果が出やすいこと」から始めて、モチベーションを持続させる

テクニック2 残りの日数を記録する

- 残りの日数／時間をカウントし、プレッシャーを原動力に変える
- 日数が明確でない場合は「中長期的な目標」を立て、その達成日を決める

PART
3

「速攻×処理」型

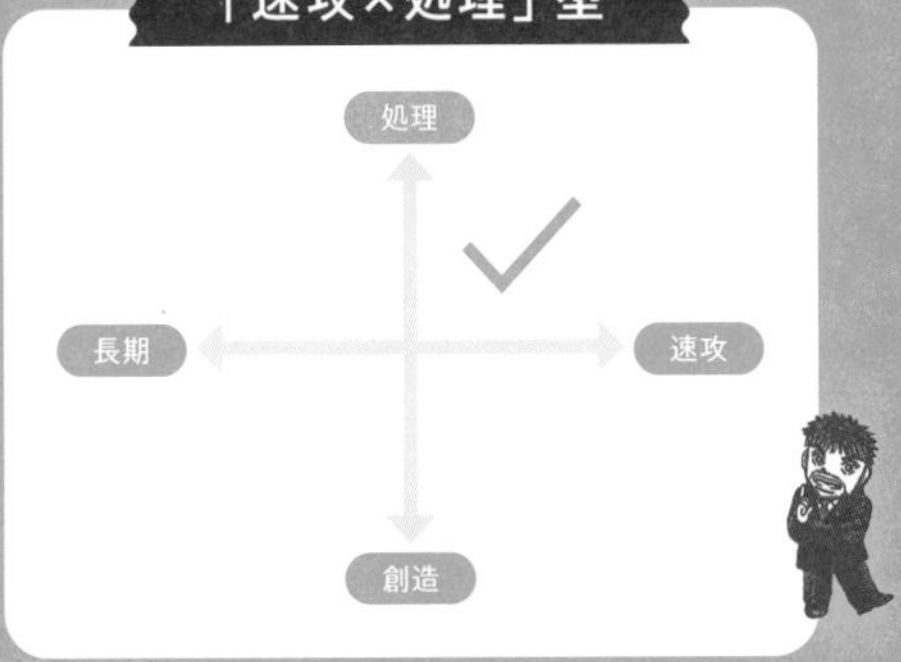

「単純作業を、つい後回しに」が一生なくなる4つの事前準備

目標を達成する人は「条件反射」をうまく利用して始める

【速攻×処理】型タスクは、**「何をするべきか」に関してはかなり明確になっていて、速く終わらせたい仕事や勉強**を指します。

たとえば、仕事にも単純作業なのでいっきに終わらせたいものがありますね。経費精算やデータ入力などが該当します。

また、勉強であれば暗記だったり数学の問題演習だったり、とにかく速く終わらせたいものは数多く存在します。

本当に**「タスク」という言葉がぴったりな単純作業**が当てはまるわけですが、意外とこれを頑張るのって難しいですよね。

単純作業が好きな人だったらいいのでしょうが、自分で考える余地の少ない分、**やっていて楽しさもなかなか感じられない**し、**速く物事を終わらせるのが苦手な人**もいます。

さて、どうすればこのようなタスクとうまく向き合っていくことができるのでしょうか？

PART3では、**4つの方法**をみなさんにお伝えしようと思います。マインドの面とテクニックの面から、2つずつお話しします。

速攻×処理

マインド 1

「80点を高速で回す」を意識する

——頑張る前に「最初の1周」はなる早で終わらす覚悟を決めよう

みなさんは、何かの仕事や勉強をしているときに、100点になってから先に進むタイプですか？　それとも、80点でもいいから先に進んで、後から戻ってくるタイプですか？

多くの人は、しっかりと100点満点になってから進めていくと思います。

データ処理でもミスがないか念入りにチェックしてから進めていくと思いますし、本でも勉強でも「ここまでは完璧になった」と思ってから次のページに進んでいくという人も多いでしょう。

でも、**実はそれだとなかなかうまくいきません**。もし1つでもミスがあったら計画が崩れてしまってなかなか前に進まず、スピードが出ないからです。

「80点を高速で回す」メリット

速く処理したいタスクに関しては、**「80点を高速で回す」ほうがいい**のです。**「後からどうせ戻ってくればいい」**と思って、とにかく前に進めていくのです。

企画書や議事録をつくるときにも、時間がかかりそうな部分は「ここは後で加筆」と書いて次に進めてしまいます。

データ入力や質問に対して答えを入力していく系の仕事でも、パパッと終わらせられるものはその場で終わらせて、5分以上かかりそうな項目に関しては後回しにします。

本を読んでいるときにも、1回読むのには時間をかけないようにします。だいたい大雑把に理解したら次のページに進み、とにかく1周を高速で終わらせます。そうやって1周を速く終わらせてから、2周目、3周目でケリをつけていくのです。

どうせ、仕事も勉強も、1周では終わりません。仕事は後から何度もチェックをしなければならないこともありますし、勉強であれば復習しなければなりません。

それなのにもかかわらず、多くの場合、**なんとなく1周目を丁寧に終わらせようと考えて、すごく時間がかかってしまいがち**です。そうやって1つの仕事にかなり時間がかかるものだから、どんどんやる気が削がれてしまって、多くの人がギブアップしてしまうのです。

だからこそ、**大雑把に1周終わらせることには意味があります。**

また、人から評価してもらう系の仕事であれば、**「80点の状態での大雑把な方向性の確認」**はとても大事になります。

たとえば「できました！　これでいいですか？」と自分の中での100点の仕事を提出しても、その100点は自分の中での点数でしかありません。もしかしたら、評価する側の人からしたら60点かもしれないのです。

「ごめん、これ書式が全然違って」

「こっちがサンプル送り忘れてたんだけど、こんな感じで頼みたくて」

みたいに言われることもあるかもしれません。

評価者が自分ではないかぎり、**自分の中の100点はあんまり意味がない**のです。

だから、80点の状態で「こんな感じで進めればいいですか？」と、大雑把に全体像を確認してもらうことも大きなメリットがあるのです。そこで方向性がずれていないかを確認できるというわけですね。

「まず高速で、1周目を終わらせよう」

この意識を持つことは、いろんな意味で、非常に重要なのです。

このマインドで仕事や勉強に取り組めば、大雑把に終わらせたときに**「ひととおりは片づけたぞ！」と自分のやる気にもつながりますし、仕事の全体像も理解できて、一石二鳥**なのです。

「復習」を充実させるため、「予習」は速攻で終わらせる

勉強でも同じです。

たとえば日本史の勉強をしたいときには、いちいち日本史の最初のところから丁寧に覚えていくのではなく、日本史の**教科書や参考書を一度ざっくりでいいので読み切ってしまう**。

ざっくり一度読むのが難しいような場合は、その本の最初と最後だけを読んで、

東大生が書いた　英語試験の攻略本
～TOEIC®・TOEFL®・英検®を最短で突破する勉強法

東大生は、資格試験を突破するための努力の方法をよく知っています。
本書はその中でも、英語の資格試験にフォーカスした1冊です。
東大カルペ・ディエム著、西岡壱誠監修、大和書房

「なるほどこういうことが言いたいのか」ということを理解してから勉強するのです。

こうすれば、「予習をしてから勉強をスタートする」のと同じことになります。

「後から本格的に勉強をするなら、正直、最初から丁寧にやればいいじゃないか」と思う人もいるでしょうし、実際、予習と復習とを比べると、圧倒的に復習の質が重要になることのほうが多いです。

しかし、復習が大事だからこそ、予習は早めにやっておくべきなのです。「最初の1周」で本格的な勉強をするのではなく、本格的な勉強は「復習」として取り組むことによって、勉強の質は大きく左右されます。

そもそも、一度全体を大雑把に予習しておけば、あとはすべての事柄が復習になり、結果的に復習の時間が増える、というわけです。復習に時間をかけられる人というのは、逆に言えば、予習を頑張った人なのです。

『ドラゴン桜』でも、桜木先生が同じ話をしてくれています。

つまり……
〝人間は忘れる〟のだ
人間が忘れるのは当たり前のこと
生存のため必要なもの以外は忘れるようにできてるからだ

『ドラゴン桜』4巻・39限目「忘れてもいい!!」

だから テストが終わると 忘れてしまうのを 気にしなくていい
社会人になれば 歴史の 細かい年代など 誰も覚えていない
けれども 浪人生は 一年目の受験を 終えた時点で 持っている知識を 何としてでも忘れまいと 必死になる
さらに知識を 増やそうと無理をする この姿勢が 間違ってるから 思ったように伸びない
人間 細かいことを ずっと覚えておくなんて どだい無理 教科の多い 東大の全科目を 網羅するのはかなり大変
だから まず 受験勉強を 始める前は 「忘れるのは当然」
こういう前提に 立つことが 大事

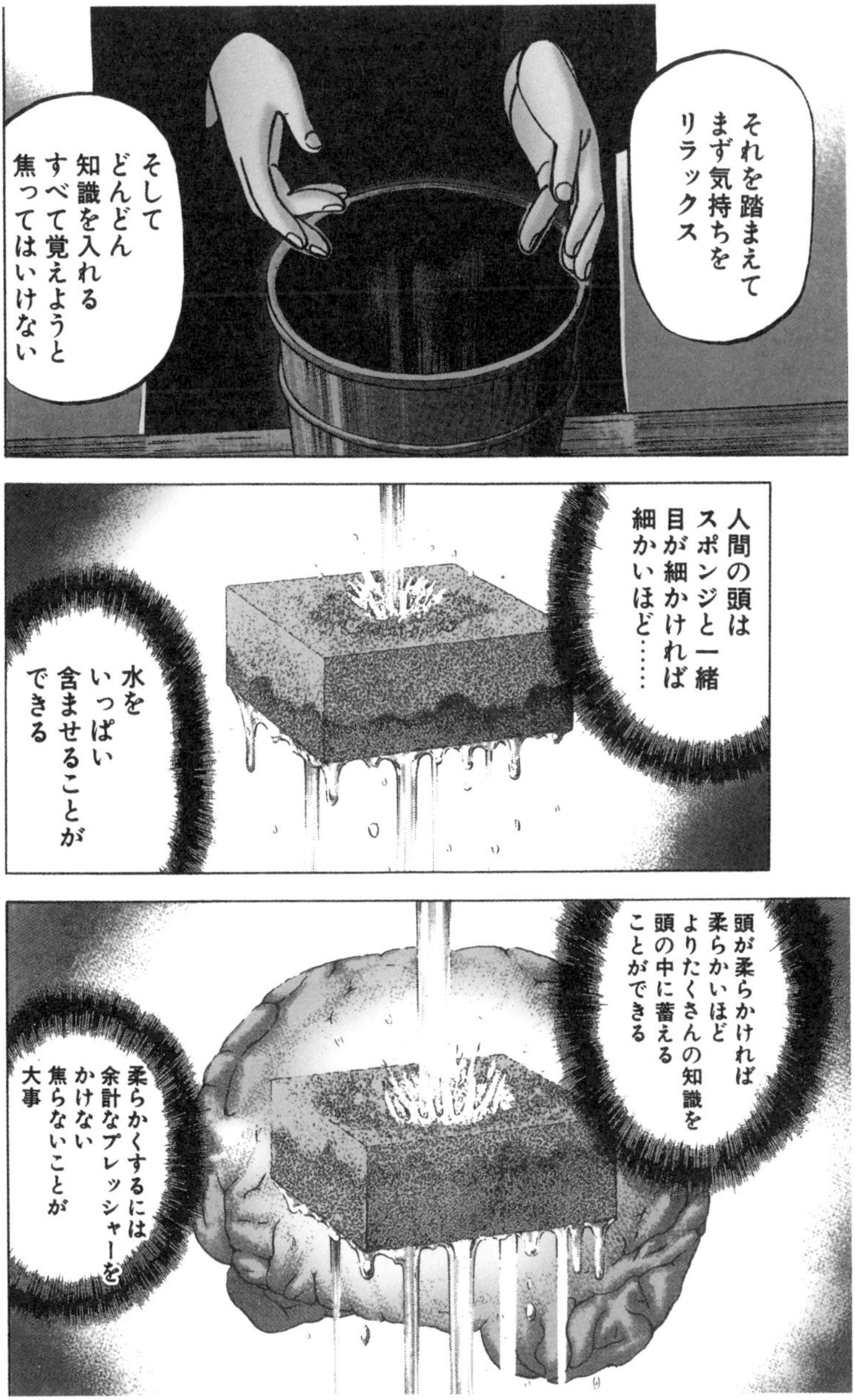
それを踏まえて
まず気持ちを
リラックス
そして
どんどん
知識を入れる
すべて覚えようと
焦ってはいけない
人間の頭は
スポンジと一緒
目が細かければ
細かいほど……
水を
いっぱい
含ませることが
できる
頭が柔らかければ
柔らかいほど
よりたくさんの知識を
頭の中に蓄える
ことができる
柔らかくするには
余計なプレッシャーを
かけない
焦らないことが
大事

「忘れてもいい」という前提に立つことで、リラックスして物事に臨める。

一度でやり切ろうとせずに、後から復習することを前提に努力すればそれでいい、と考える。

こういうマインドは、何においても重要なのです。**速く終わらせたいものがあるときには、勉強も仕事も、丁寧に進めすぎないようにすることが大切**です。

速攻×処理

マインド 1 まとめ

- 完璧を求めず、まずは速攻でひととおり終わらせる
- そうすれば、2周目以降はすべて「復習」にできる

速攻×処理

マインド 2

とにかく「その場で終わらせる」

―頑張る前に「後回しグセ」を克服しよう

単純作業の面倒なところに、**「溜まっていくところ」**があります。

夏休みの宿題と同じで、ちょっとずつやっていけばうまくいくはずなのにもかかわらず、それができない。だから雪だるま式にやることが溜まっていってしまって、**いざ「やろう」としたときには膨大な量になってしまう**、ということがほとんどです。

しかもこれを、ほかのこともやりながら並行してやらなければなりません。

生きていれば、**突発的な仕事**も入ってきてしまいます。「やろう」と思った瞬間に「これ緊急で対応お願いしたいんだけど」と違う仕事が入ってきたり、「そういえばあのメール返してないな」となったり、勉強をしようと思った矢先にインターホンが鳴ってその対応に追われたり……**やろうと思ったときに、いっきに終わらせることができない**のです。

絶対に「その日のうちに終わらせる」と考える

重要なのは、**「絶対に後回しにしない」**という意識を持つことです。どんなに大変な状況でも、「その日のうちに終わらせる」と思ったら、その日のうちに終わらせるのです。

「そうしないと気持ちが悪い」というくらいまで**ルーティン**にすれば、後回しにすることが少なくなり、物事がうまく回っていきます。

このルーティンに関しては、『ドラゴン桜』の中でも触れられています。

『ドラゴン桜2』10巻・78限目「歯を磨くように」

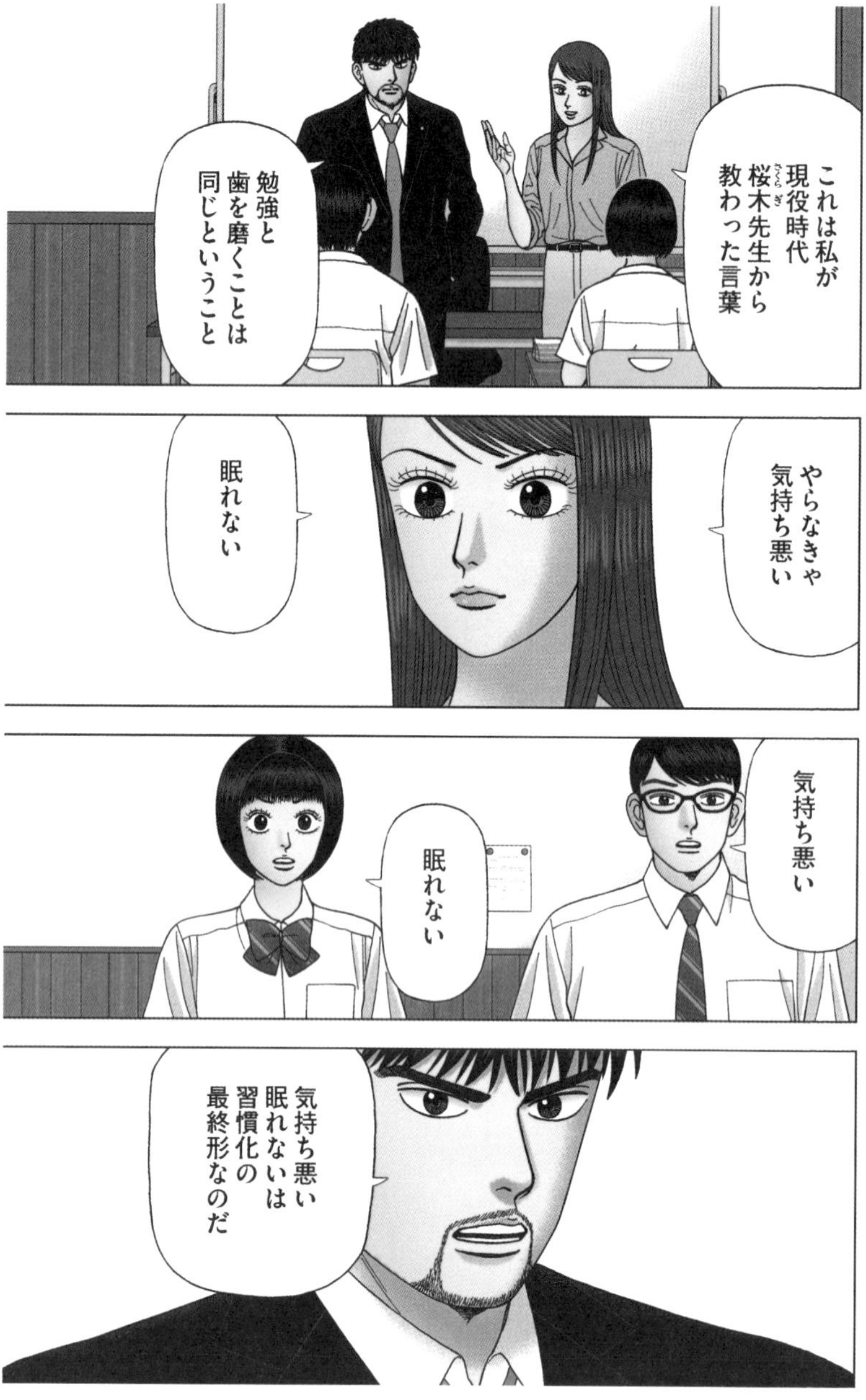
これは私が現役時代桜木《さくらぎ》先生から教わった言葉
勉強と歯を磨くことは同じということ
やらなきゃ気持ち悪い
眠れない
気持ち悪い
眠れない
気持ち悪い眠れないは習慣化の最終形なのだ

このときに重要なのは、**先ほどの「80点でもいい」という考え方**です。

完璧にこなそうとすると、その日のうちには終わりません。でも、「80点でもいい」と考えると、ちょっとずつ大雑把ながら仕事がうまく回っていきます。

完璧な状態を目指して終わらないよりも、**完璧な状態を目指さずにすぐに終わらせるほうがいい**のです。

たとえばメールで「この仕事、後でもいいからお願いできる？」と連絡が来たとします。それがもし、**5分以内で終わらせられるものなのであれば、すぐに終わらせたほうがいい**でしょう。

なぜなら、後になって「さて、言われてた仕事をやろう」と思っても、「えーと、どのメールだっけ？」と探すのにも時間がかかりますし、ちょっと気持ち的に「ああ、あれもやってなかったな」と気分が落ち込んでしまいます。

重要なのは、**その場でその仕事と向き合うこと**です。100点を目指さず、80点でいいから**「こんな感じでいいですか？」とすぐに返す**ようにするのです。

そのほうが案外、相手からしたらありがたいということもあります。「こんなに早くやってくれてありがとう！」となるかもしれません。

気になったら「すぐ調べ」「すぐ読む」

これは**勉強においても同じ**ことが言えます。

たとえば本を読むときでも、「絶対にいつでも、気になったら読む」と決めたほうが、頭はよくなります。ふとした会話の瞬間に「そういえばこの前読んだ本に、こんなことが書かれていたな」と思ったら、スマホでその本のページを見返す。「こんな本が面白かったんだよ！」と食事の席ですすめられたら、とにかくその場で電子書籍を買います。

「後から読もう」だとどうせ忘れてしまうし、「なんの本だったっけ？」となってしまいかねません。それに、後回しにすればするほど、「読む」ことのハードルが高くなってしまいます。

すぐ買って、すぐ読む。そのほうが結果的に、じっくり読書するよりも頭に残りやすいものなのです。

速攻×処理

マインド 2 まとめ

- 仕事も勉強も、「後回し」は百害あって一利なし
- できることは「その場で」「すぐに」終わらせる

速攻×処理

テクニック 1

締め切りの遠いものから片づける

――頑張る前に「やり始める順番」を工夫しよう

やることを終わらせるときのテクニックとしておすすめなのが、**「逆からこなしていく」**というものです。

たとえばみなさんは、やるべき仕事が複数個あるとき、どちらの順番で仕事を終わらせていきますか？

・締め切りが近いものを優先して、締め切りが遠いものを後回しにする
・締め切りが遠いものを優先して、締め切りが近いものを後回しにする

たいていの場合、多くの人は締め切りが近いものを優先すると思います。明日締め切りのものを終わらせてから、１週間後の締め切りのものを終わらせよう、としていくのが普通です。

なぜならそうしないと、終わらせるべきものが終わらないからです。

人間の「追い込まれたときの力」を利用する

でも、目標を達成する人は**「締め切りが遠いものを優先して、締め切りが近いものを後回しにする」**という選択をする人が多いです。なぜそんな選択をするのかというと、**自分を上手に追い込むことができる**からです。

たとえば夏休みの宿題を8月31日までずっと溜め込んでいたという人はいませんか？

40日近くやる時間があったはずなのに、8月31日になるまでずっと溜めてしまっていた、という人は多いのではないでしょうか。でも、8月31日になったら、「やらなきゃ」という気持ちになって、やる気が出るんですよね。

人間は基本的に**「追い込まれたら、その時間内で終わらせよう」**とする生き物です。やりたくないことでも、やる意味がわからないものでも、**やること自体が明確であ**

るのならば、締め切りに追われさえすればやる気になるものなのです。

その性質を利用して、締め切りの近いものは締め切りギリギリまで溜めておき、「もう時間がない！」というところまで自分を追い込むのです。

「面倒だと思わないところ」まで進めておく

「え、でもそんなことしたら、締め切りに間に合わない危険性が出てくるじゃないか」と思うかもしれませんが、ここで重要なのは、「あらかじめ、もう少しのところまでやっておく」ということです。

締め切りが遠いうちに、自分が面倒だと思わないようなところや、できるかぎりのことはやっておくのです。

たとえば書類作成であれば、骨子は締め切りがまだ遠いうちからつくっておいて、残りの面倒な作業（図版をつくるとか、まとめページをつくるとか、体裁を整えるとか）は締め切りがギリギリになってからやればいいのです。

面倒でやりたくない作業でも、締め切りギリギリであれば「やらなきゃ」という気持ちが湧いてくるものです。そうすれば、その気持ちをうまく活かして、仕事を終わらせていくことができます。

たとえば、こんな感じですね。

抱えているタスク：

「8月3日提出の資料」と「8月5日提出の資料」と「8月7日提出の資料」

8月1日：8月7日提出の資料を、面倒な部分だけ残して完成させる
　終わったら、8月5日提出の資料にとりかかる
8月2日：8月5日提出の資料を、面倒な部分だけ残して完成させる
　終わったら8月3日提出の資料にとりかかる
8月3日：8月3日提出の資料を終わらせる
8月4～5日：8月5日提出の資料を終わらせる
8月6～7日：8月7日提出の資料を終わらせる

締め切りが遠いものから順番に終わらせていくことで、締め切り直前の「やらなきゃ」という思いを利用しながら、うまくタスクを処理していくというものですね。

キリの悪いところで止めておくと、再開しやすい

また、これにはもう1つ、大きな効果があります。キリの悪いところで仕事が終わっているので、やり始めやすいというメリットがあるのです。

こちらの『ドラゴン桜』のワンシーンをご覧ください。

『ドラゴン桜』20巻・184限目「東大過去問対策術」

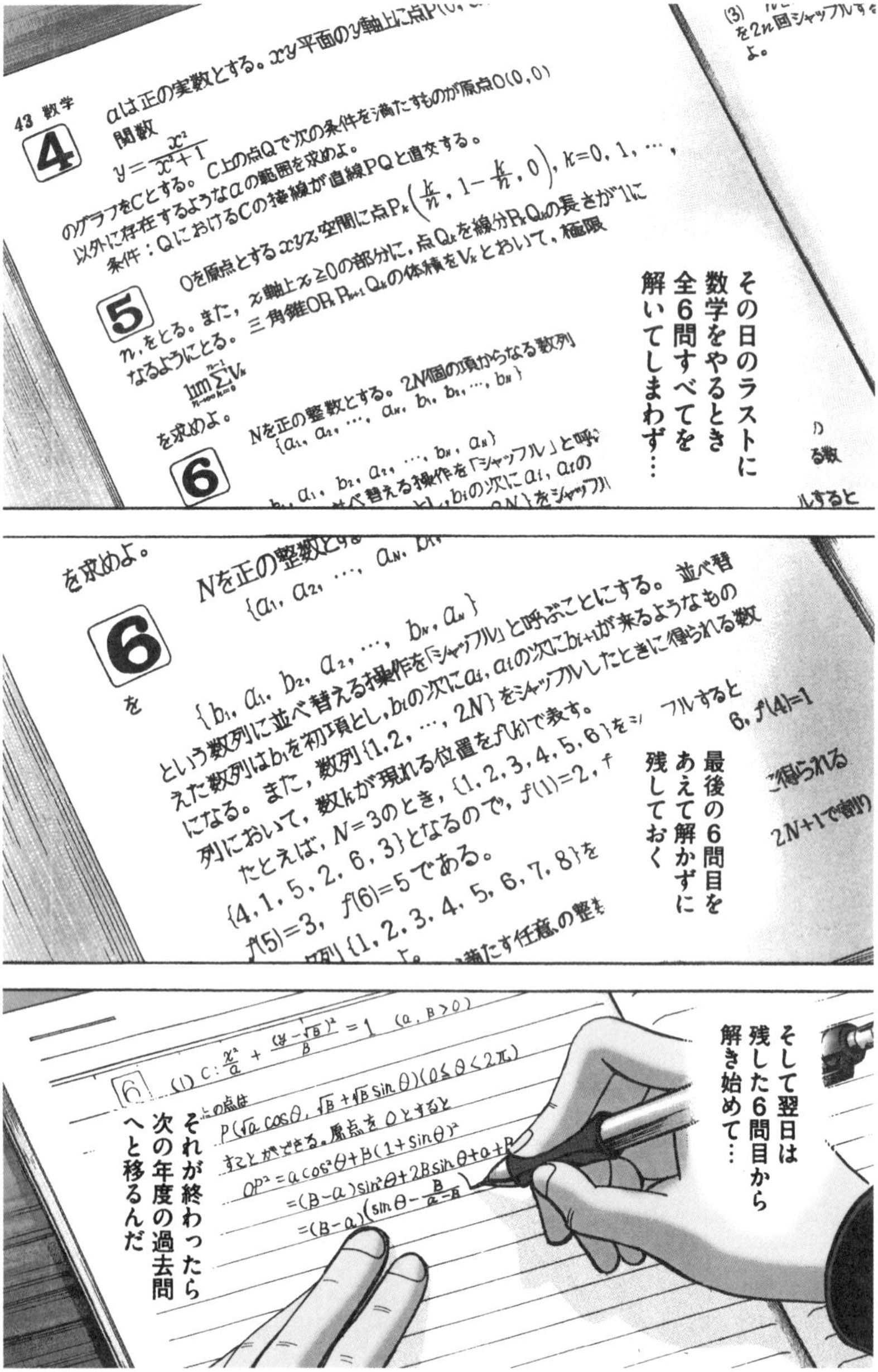
その日のラストに数学をやるとき全6問すべてを解いてしまわず…
最後の6問目をあえて解かずに残しておく
そして翌日は残した6問目から解き始めて…
それが終わったら次の年度の過去問へと移るんだ

するとスムーズに一日のスタートが切れていい過去問勉強のサイクルが生まれる
へえ…
すごくシンプルな秘訣だな
2日間の試験をたった一日で解くのはすごく大変だ
毎朝モチベーションをかなり上げないとスタートできない
初めのうちは上手《うま》くいくかもしれないが…
毎日連続してやろうとすると肉体的にも精神的にもたない
でも…まず1問解くだけならリラックスして始められる
全速力やフルパワーは失敗に繋《つな》がりやすい

人は仕事でも何でもきっちり終わらせようとしがちだが…これは効率の悪いエネルギーの使い方だ
少しだけ残して翌日そこから始める…これが余計なストレスを溜めずに物事を円滑に進める秘訣《ひけつ》だ
これを守って過去問を解くだけでより高い効果が得られるはず
じゃ 早速やってみるか
そうだね 良さそうなことは何でも試してみよ

よく、「キリがいいところまで終わらせよう」と考えてしまいがちですよね。「あとちょっとで終わるから、終わらせちゃおう！」と思いがちです。

ですが、**実はキリがよすぎると、次の勉強を始めるのが大変になってしまう**かもしれないのです。最初から始めなければならないから、億劫に感じてしまうのです。

一方で、キリが悪いところで終わっていれば、次に始めるときに、**「さて、この前キリが悪かったから、早く終わらせてしまおう」**と思うことができますよね。だから、キリが悪いところで切り上げておくほうが、次につながるというわけです。

こうすることによって、はじめの一歩だけは簡単に進めることができるようになります。

だからこそ、物事に早めに取り組んでおいて、あと少しのところまでやった状態で、**キリが悪い状態で放っておくことには大きなメリットがある**のです。ぜひ参考にしてみてください。

速攻×処理

テクニック

1

まとめ

- 締め切りが遠いタスクを優先して進める
- 「キリが悪いところ」まで進めておいて、途中でやめる

速攻×処理

テクニック
2

ゴールデンタイムをつくる

——頑張る前に自分の「調子のいい時間」を確保しよう

もう1つおすすめなのが、**自分のゴールデンタイムを決めておく**というものです。

みなさんがいちばん、いいパフォーマンスを発揮できる時間はいつですか？　「ゴールデンタイム」なんて言い方もしますが、**いちばん自分が高いテンションで、高いパフォーマンスを発揮できる時間**はいつでしょうか？

人によってそれぞれ「ゴールデンタイム」があると思いますが、これをしっかりと意識できている人というのは、**しっかりとその時間にやるべきことを詰め込んで、ガッツリ頑張る**ことができます。

逆に、本当はすごく効率がいい時間があるのに、それを意識できていない人だと、その時間をムダに過ごしてしまってうまくいかなくなることがあります。

ですから、ゴールデンタイムを意識していない人は、ぜひ**自分のゴールデンタイムをつくるべき**なのです。

≫ゴールデンタイムは「食前」と「昼寝後」

では、いつをゴールデンタイムにするべきなのか？

基本的にゴールデンタイムは、**「お腹が空いている時間」**だと言われています。食事をとってしまうと副交感神経が働き眠くなってしまうため、ご飯を食べた後ではなくご飯を食べる前の時間のほうが、集中力は高いのだそうです。

ご飯を食べる前の、お腹が空いている状態のほうが、集中して物事に取り組むことができるのです。

もう1つゴールデンタイムになり得るのは、**昼食をとった後の13〜14時の時間**です。

「え、昼食をとった後って眠くなって集中できないんじゃないの？」と思った人もいるかもしれませんが、ここで**「昼寝」をすれば、その後の時間をゴールデンタイムにすることができます**。午後になると眠くなってしまうので、**12時30分〜13時の間で、一度睡眠を挟む**わけです。

だいたい**30分程度の睡眠がおすすめ**で、それ以上の時間寝てしまうと、それ以降も眠くなってしまいます。スマホでアラームをセットして、昼寝の時間を調整する必要があるでしょう。

こうすることで、心機一転、午後から頑張ることができます。この昼寝の効果に関しては、『ドラゴン桜』の中でも描かれています。

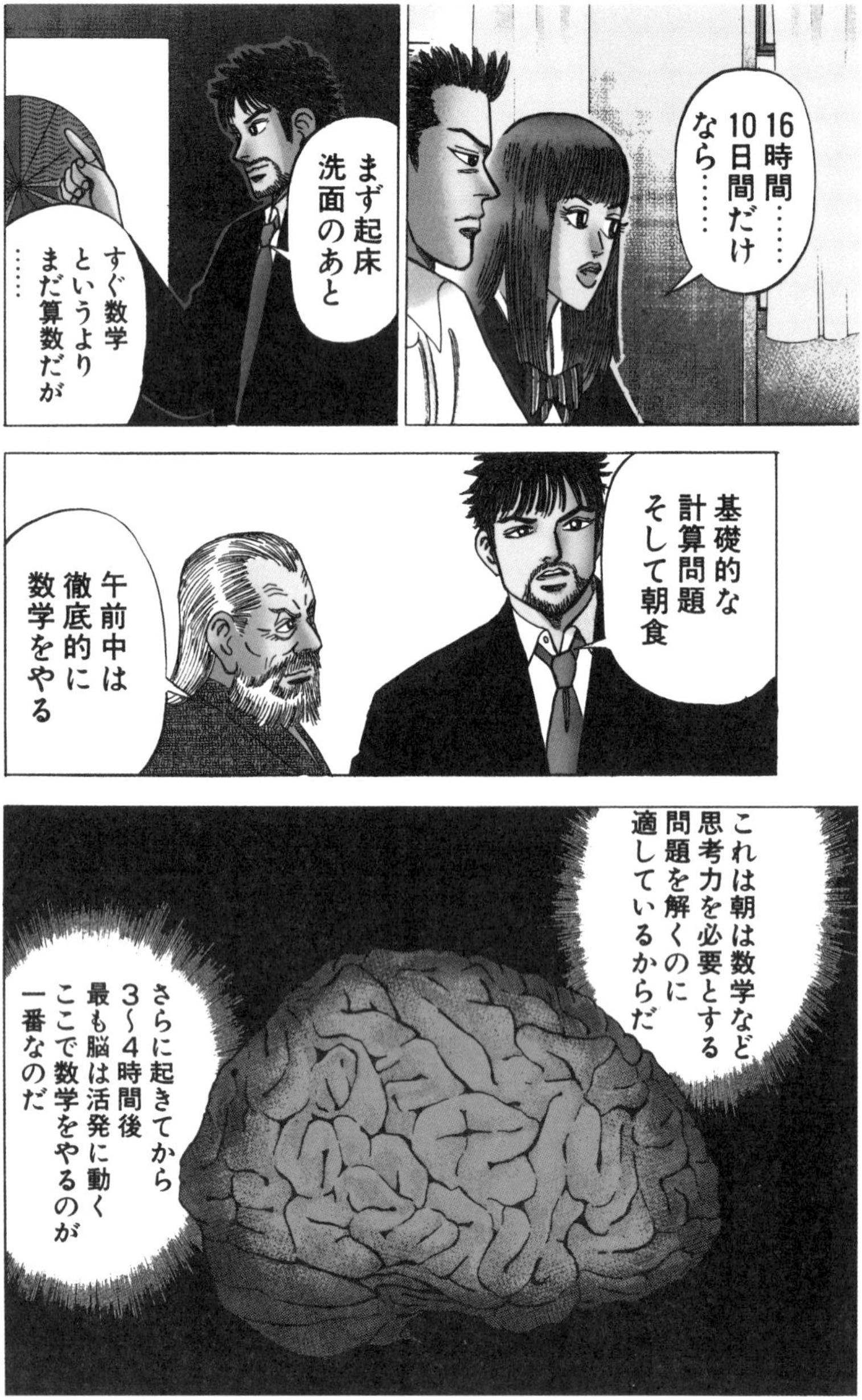
16時間……10日間だけなら……
まず起床洗面のあと
すぐ数学というよりまだ算数だが……
基礎的な計算問題そして朝食
午前中は徹底的に数学をやる
これは朝は数学など思考力を必要とする問題を解くのに適しているからだ
さらに起きてから3~4時間後最も脳は活発に動くここで数学をやるのが一番なのだ

『ドラゴン桜』1巻・9限目「スパルタ合宿」

そして
昼にかけて実力より
少し上の問題を
解いて力をつけて
いく
でも午前に
国語があるのは
なぜ……
脳は同じような
問題をやってると
集中力が
持続しなくなる
人間の集中力は
1時間半が
限度なんだ
そして昼食を
しっかりとったあと
昼寝を30分
昼寝が
あるなんて
けっこう
いいじゃん

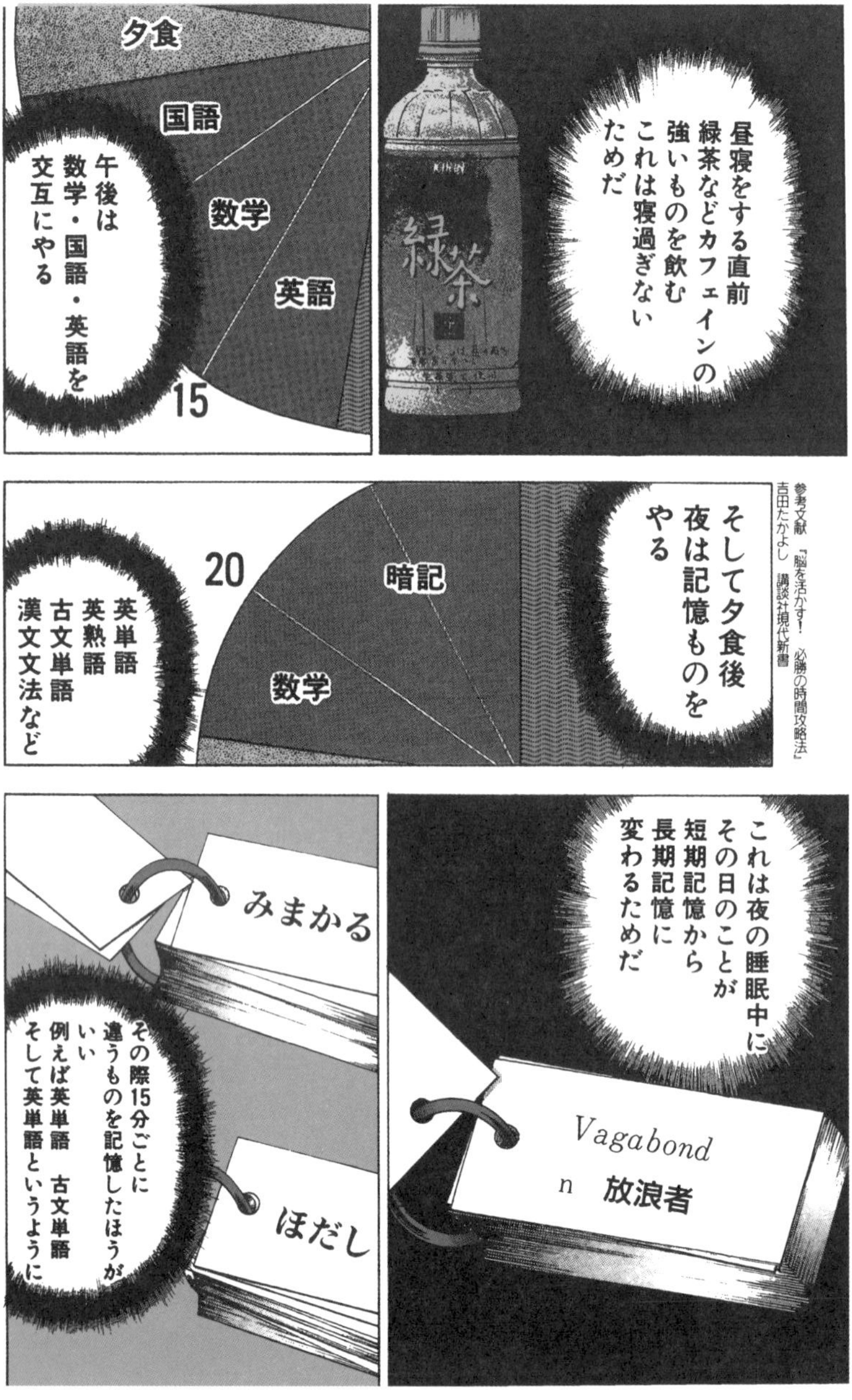

参考文献『脳を活かす！必勝の時間攻略法』
吉田たかよし　講談社現代新書

いいか……
勉強とは
合理性と効率
つまり
脳と身体の
メカニズムを
相乗した科学的
トレーニングだ!
これには
食事と睡眠を
しっかりとって
……
脳を
疲れさせない
ことだ
その上で
脳が効率良く
吸収できる
スケジュールを
組むこと
これを間違ったら
いくら机にかじりついて
がむしゃらにやっても
全く無意味だ

ですから、昼食前の**11～12時**、昼寝後の**13～14時（昼寝した場合）**、夕食前の**17～18時**は、集中できる可能性が高い時間であると意識しておいたほうがいいと思います。

これ以外の時間に設定してももちろん大丈夫ですが、あまり夜遅すぎたり朝早すぎたりすると、健康に悪いかもしれませんので注意が必要です。

≫ゴールデンタイムにタスクをいっきに片づける

このゴールデンタイムの間に、多くのタスクをいっきに処理してしまうのです。やるべきこと自体は明確な状態なわけですから、「ここでケリをつけよう！」と意識して、いっきに終わらせてしまうのです。

このときには、**もうスマホの電源などを切って、「これだけに集中する！」という時間にしてしまってもいい**と思います。好きな音楽をかけてノリノリで物事を終わらせていくというのもいいでしょう。

また**「このゴールデンタイム中に、絶対に終わらせよう！」という意識を持つ**のも重要な観点です。

制限時間を設けることのメリットはPART2でご紹介したとおりですが、「やはり時間制限のある中でどれくらい物事を終わらせることができるか」を考えることは、集中力を高めてくれます。

このゴールデンタイムを活かして、ぜひやりたくないものをいっきに終わらせてもらえればと思います。

速攻×処理

テクニック 2 まとめ

- 人のゴールデンタイムは「食前」と「昼寝後」
- ゴールデンタイムに、タスクをいっきに片づける

PART
3
「速攻×処理」型
「単純作業を、つい後回しに」が一生なくなる4つの事前準備

マインド1 「80点を高速で回す」を意識する

- 完璧を求めず、まずは速攻でひととおり終わらせる
- そうすれば、2周目以降はすべて「復習」にできる

マインド2 とにかく「その場で終わらせる」

- 仕事も勉強も、「後回し」は百害あって一利なし
- できることは「その場で」「すぐに」終わらせる

テクニック1 締め切りの遠いものから片づける

- 締め切りが遠いタスクを優先して進める
- 「キリが悪いところ」まで進めておいて、途中でやめる

テクニック2 ゴールデンタイムをつくる

- 人のゴールデンタイムは「食前」と「昼寝後」
- ゴールデンタイムに、タスクをいっきに片づける

PART 4

「長期×処理」型

「飽きてしまって、続かない」が一生なくなる5つの事前準備

目標を達成する人は「人間の弱さ」を逆手にとって続ける

最後は、**【長期×処理】型のタスク**です。

何をするべきなのかは明確だけど、継続的に頑張らなければならず、なかなか努力が継続しにくいものを指します。PART3で紹介したものとの違いは、**「すぐ終わるか、継続しなければならないか」**という点ですね。

たとえば仕事であれば、誰かから引き継いだプロジェクトのマネジメントなどです。

仕事の内容は明確で、何をすればいいかはわかっているけれど、それをずっと長期的に続けていかなければならないのが大変なもの。

また勉強であれば、何をすれば合格できるかはある程度わかっている資格試験の勉強などがこれに該当します。

人間は飽きっぽい生き物です。**飽きて「もうやめた」となってしまう人はかなり多い**わけですが、これに対してどのように対処すればいいのでしょうか？

PART4では、**5つの方法**をみなさんにお伝えしようと思います。マインドの面から2つ、テクニックの面から3つお話ししていきます。

長期×処理

マインド
1

「100%」が計画どおりだと思わない

——頑張る前に「80%達成」できる計画を立てよう

やるべきことが明確な状態であれば、それを実行していけばいいだけなのですが、それが難しいものです。**何か計画を立てても、それが計画どおりにうまくいかないこともある**からです。

「ここまでやろうと思ってたのに、全然できなかった」

そう考えると、人間はやる気が削がれて、そこから計画を守れなくなっていってしまいます。

このときに必要なマインドが、**「100%が計画どおりだと思わないこと」**です。

「100%達成」は、目標が緩すぎたということ

みなさんにとって、**計画が何%くらいうまくいっていれば「計画どおり」ですか？**

「今日はこの仕事とこの仕事と、あとこれとこれとこれを終わらせよう！」と5つの仕事を実行しようと思っていたときに、何個の仕事が実際にできたら計画どおりですか？

多くの人にとって、この質問の答えは「5個」、つまり100%でしょう。計画どおりに物事が進むのがいちばんであり、100%計画どおりに実行できることが理想的です。

でも、**100%計画どおりにいくことは稀**です。むしろ**毎日が100%なのであれば、それは余裕があったということになるため、もっと自分に負荷をかけるべき**だという話になります。

ですから、逆説的ですが、**100%計画どおりなのは、よくないこと**なのです。

むしろ、**毎日80%くらい計画どおりに実行できていて、もう少しやらなければなら**

ないことが残っていた、というほうが理想的なのです。そのほうが、立てた目標としてはちょうどいいラインである可能性が高いのです。

長期的に物事を進めていくために必要なのは、自分に過度のプレッシャーをかけすぎないようにすることです。

100%でないことに対してマイナスな感情を抱いてしまうと、「もうダメだ」とやる気をなくしてしまう危険性があります。うまく段取りどおりに進めていくことが上手な人であればあるほど、一度計画が崩れると、その後ガタガタになってしまうものです。

このメカニズムについて、『ドラゴン桜』でもこんなふうに紹介されています。

『ドラゴン桜』11巻・103限目「スイッチを切るな！」

目的達成のために
やりたいことを
過度に我慢する
そして耐えて
頑張る自分を
美化する
しかし
そんなものは
実力には関係ない
結局は美化した
自分に酔って
さらに自分を
追い込むだけ
そんなことを
続けていたら
人間必ず
バランスを崩す
そして
コントロールが
利かなくなる
いいか…
みんな
やりたいことは
思い切ってやれ
そして勉強も
しっかりやる

受験というのは自分を殺すことじゃない
自分を生かすことなんだ
だってさ栗山《くりやま》しっかりしなさいよ
え…なんで僕？

自分に求める水準が高く、妥協できない状態だと、自分に過度なプレッシャーをかけてしまう、という話でした。

100%を求めてモチベーションを下げるのは本末転倒

ですから、**70〜80%を「計画どおり」だと考えるクセ**を身につけましょう。

もちろん50%になってしまって「これではいけない」と考えるのも重要です。そういうときは、自分にプレッシャーをかけてもいいと思うのですが、70〜80%で「計画どおりではない」と捉えてしまうのはあまりよくありません。

70〜80%でも許容するようにしましょう。

長期×処理

マインド 1 まとめ

- 100%達成は、計画が甘すぎたのでむしろよくない
- 70〜80%で「計画どおり」だと許容する

長期×処理

マインド 2

1人で努力することをやめる

――頑張る前に「ライバル」を設定しよう

次は、**「1人で努力することをやめる」**です。

1人で頑張ろうとしても、人はどうしても**途中で投げ出しがち**になります。

たとえば、「朝早起きするのが難しい」という人でも、学校には割とちゃんと通えていたという場合が多いのではないでしょうか？　それが大学生になって出席確認が緩くなったり、会社員になってそんなに朝早く起きなくてもOKな職種になったら、朝起きるのがすごく苦手になってしまった、という人は多いと思います。

「他人に見られている」状況を利用する

なぜこんなことが起こるかというと、**「周りの目」がなくなった**からです。

学校に通っているときは、遅刻したら学校の先生にもクラスメイトにも「今日遅刻？　どうしたの？」と聞かれますよね。でも大学生になったら誰からもそんなふうには言われなくなるわけです。

この**「今日遅刻？　どうしたの？」という一言が、大きな効力を持っている**というわけです。

人間、**誰も見ていないと思うと、どんどんサボってしまいます**。自分の部屋で仕事をしようと思っても、上司も同僚も友だちも誰も見ていないからやる気がなくなってしまう、なんてことはよくある話です。

一方、誰かが見ている空間に行くと、別に自分の行動の一挙手一投足、全部監視されているわけでもないのに、自然と「やらなきゃ」という気持ちになっていきます。

「他人の力」というのは、とても大きなものなのです。仮に何も関係のない赤の他人であっても、やる気を引き出させてくれる重要なファクターになるのです。

ですから、**1人で努力するより他人の力を頼ったほうが、結果が出やすい**のです。

ライバルがいたほうが結果も出やすい、ということについては、『ドラゴン桜』でも解説されています。

本田先生からすでに報告は受けている矢島《やじま》…頑張ったそうだな
あ…まあ
で…二人とも判定予想はDの上ないしはCの下
この時期としては大健闘だ合格の望みは十分ある
矢島にも仲間が一人増えたことだしな

『ドラゴン桜』16巻・148限目「相乗効果」

仲間？誰だよそれ
京都のエリカちゃんだよ
ちょっと待てよ俺は別に…
冷やかしで言ってるんじゃない誤解するな
お前たちは着実に成長しているが今の実力はまだ合格圏外
それを試験当日までに合格圏内へもっていくには何が必要か…
何が？

それは相乗効果というやつだ
相乗効果…
成功するためには個人が死ぬ気になって諦《あきら》めずに努力することが必要だと思われているが
それだけでは本当に大きな成功は得られない
大成功を収めるために絶対必要なのはともに成功を目指すライバルがいて互いに競い合えるという環境
それこそが自分の持てる力を本来の実力以上に高めてくれるのだ

これはビジネスの世界でも同じ 例えばある会社が全く新しい家電を開発した場合…
普通はその家電を独占的に販売したいと考えるがそれでは売り上げは頭打ちになる
COFFEE
しかし他の2~3社からライバル商品が出てくると相乗効果でその家電自体の知名度が上がって市場規模が一気に拡大し
結果として最初の会社の売り上げも伸びる

同様に自分一人だけで受験を乗り切ろうとがむしゃらに勉強してもなかなか成績は伸びない
自分の殻《から》に閉じこもった状態から生み出されるパワーには限界があるからだ しかし…
自分の周りに目を向け同じ目標に向かう他人の頑張りを意識するだけで学習効果は飛躍的に上がる
相乗効果により受験勉強に対する集中力やモチベーションが高められるからだ

特に二人は世界が狭い
名前を知っているだけでも仲間だと思った方がいい
水野《みずの》だったら矢島のことはもちろん…
大沢君も仲間だ
えっ！な…何よいきなり
ヤダもう…
そこに京都のエリカちゃんを加えればいい
矢島も水野…
大沢君
エリカちゃんを仲間だと思え

四人が全員同じ環《わ》の中にいて互いに頑張って実力を高め合う
前にも言ったように受験は一人では戦えないし一人では勝てないともに頑張る仲間がいてこそ勝てる

ということで、**どんなときでもライバルの存在を意識することが重要だ**という話でした。積極的に外に出て、他の人も頑張っている空間に行きましょう。

ライバルは、自分から一方的に認識していればいい

このときに、ライバルをつくるハードルを上げてしまうのはよくありません。仲間をつくる必要があるわけではなく、**ただ「そういう人がいる空間」に行くだけでいい**のです。顔も知らない誰かがたくさんいる状態で問題ありませんし、無理に仲良くする必要なんてありません。**その空間を共有するだけでいい**のです。それだけのことで、ちょっと前のめりになれるはずです。

また同じように、**デジタル上でもライバルを意識する**ようにしましょう。

いまの時代、自分と同じような目標を持っている人の存在は、探せばいくらでも確認することができます。「○○試験に合格するために頑張る！」と投稿しているアカウントはインスタグラムでもX（旧ツイッター）でも多く存在しています。

そういうアカウントをフォローして、定期的に見るようにしましょう。

ここでも別に、連絡をとり合う必要はないと思います。会話する必要はありませんし、「応援しています！」とか言う必要もないです。

ただ見て、**その人がどれだけ努力しているのか、どれくらい自分と同じ部分があるのか、自分とは違う部分はどこなのか、しっかりと知る努力**をしましょう。

モデルケースを知ることは、とても重要なことです。

東大生も、受験勉強を始める前に多くの人が合格体験記を熟読しています。それも、本当に細かいところまで詳しく読んでいます。

「自分と同じようなシチュエーションから合格した人はいないか」

「得意科目と苦手科目が同じこの人は、どんな戦略で合格しているのか」

というように、**「この人は自分と同じだ」というモデルケースを見つけて、詳しくその人の勉強法を真似している**のです。ぜひ、試してみてください。

長期×処理

マインド
2
まとめ

- 「他人に見られる」ことで努力は継続できる
- リアルでもネットでも、「ライバル」を設定する。ただし、交流する必要はない

長期×処理

テクニック 1

1つのやり方に固執しない

——頑張る前に「いろいろなやり方」を知っておこう

みなさんは、何かに挑戦していくときに、1つのやり方を続けるほうがいいと思いますか？　それとも、複数のやり方を実行していくほうがいいと思いますか？

たとえば、暗記にはさまざまな方法がありますよね。書いて覚える、見て覚える、問題を解いて覚える……と、さまざまな方法を想像することができるでしょう。

このうちの1つを選んで、その方法でひたすら暗記したほうがいいのか、それとも複数の暗記方法を組み合わせたほうがいいのか。どちらのほうが、効果があるのでしょうか。

一見、1つのやり方を愚直に繰り返したほうが効果が出るのではないかと思われがちですが、実はそれだと限界があります。**長期的に何かを実行していくべきときには、複数のやり方を試してみる**ことも必要なのです。

『ドラゴン桜』ではこのメカニズムについて、このように説明されています。

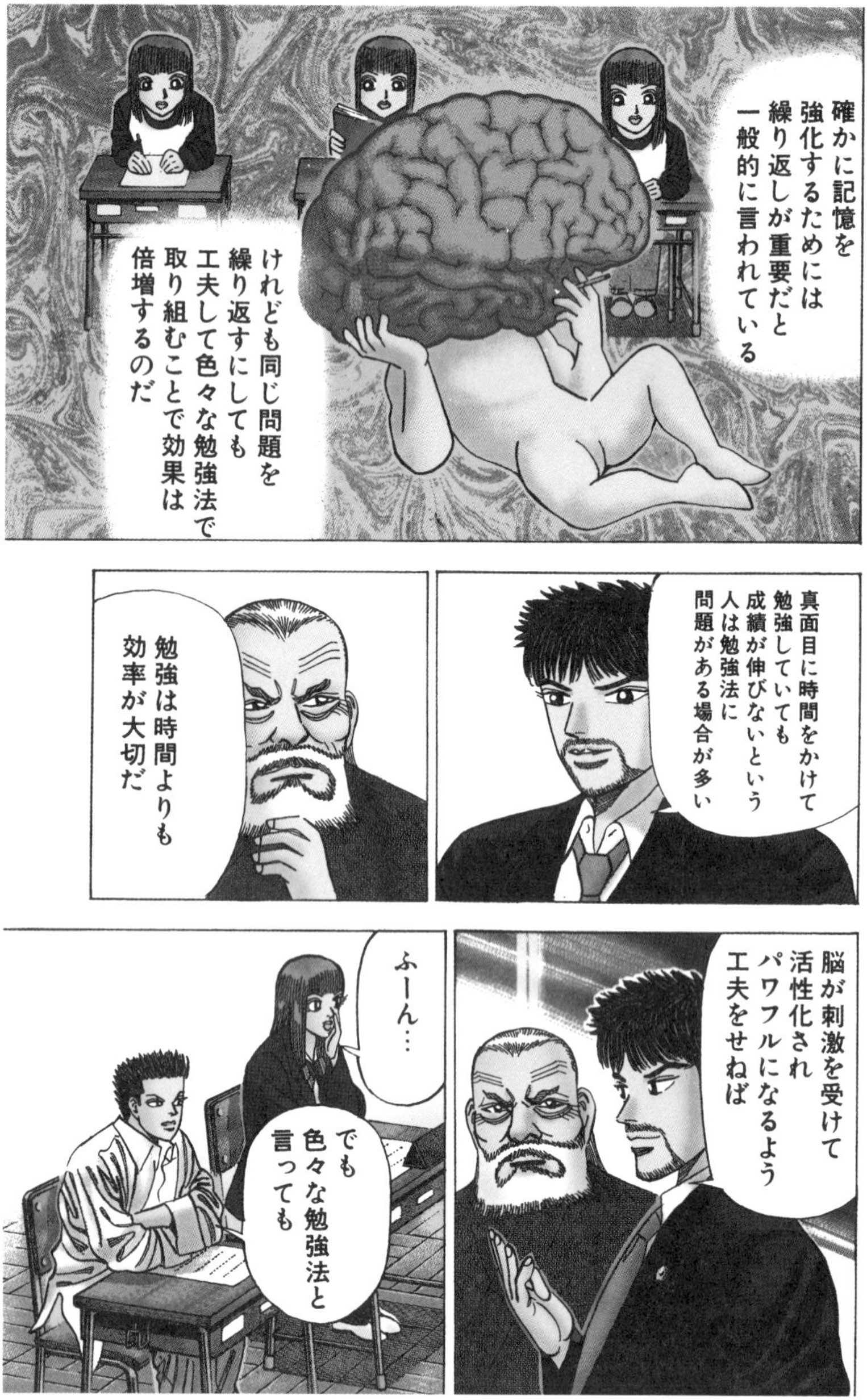

『ドラゴン桜』6巻・58限目「定期テスト前日マニュアル」

数学の問題に取り組む時の例を私から教えよう
一度問題を解き終えたら次は問題を解かずに答えを読む
答えを…読む？
一度解いた問題の解答を読みながらどんな問題だったか想像するのだ
これにより一つの問題を違う方法で二度繰り返したことになる
これよりもっと効果があるのは
自分で問題を作ってそれを解くこと

与えられた問題を解くのは受動的だ自分で問題を作るのこそが積極的な勉強法だ
問題を作る時に答えを想定するから一度考えることになる
これは一度で2倍の効果があり記憶に深く刻まれやすいなぜなら……
それを解く時にはもう一度考えるから二度問題を解くとの同じことになり2倍の効果があるのだ
出題者の意図を予想できるようになれば自作の問題と似た問題が本番にも出るようになるだろう
数学の問題を作るのは二人にはまだ難しいかもしれないまずは英語に理科社会と　暗記物の教科で問題を作ってみなさい

ということで、1つのやり方を続けるのではなく、**複数のやり方を同時並行で実践したほうがいい**、という話でした。

「複数のやり方を試す」ほうが結果につながるわけ

同じ方法を続けるのも、たしかに効果はあるのですが、**ちょっとしたタイミングで別の勉強法を試してみるほうが、脳が「慣れる」ことがなくなり、いい効果を生む**、というわけですね。

仕事でも、たとえば使っているパソコンを替えて作業をしてみるとか、いつもはオフィスで仕事をするけど今日はカフェでやってみるとか、少し違う方法を試してみたり、違う環境で努力をしてみたりするのです。

こうすることで、**脳にいい刺激が送られて、効果がアップする**というわけです。

「やり方を変える」ためのさまざまな工夫

「でも、たくさんの勉強法を実践するのは、ちょっと難しいのではないか」なんて考える人もいるでしょう。

しかし、難しく考える必要はありません。ちょっとした工夫で、複数のやり方を実践することができます。

たとえば、**順番を変えてみる**という工夫です。

勉強を例にお話しすると、1〜100番までの英単語を覚えようとするときに、1番から順番に単語を覚える人が多いと思います。

そこで工夫をしてみましょう。**100番から1番までさかのぼって単語を覚えたり**、友人や家族に「1〜100番の単語から、ランダムに英単語を言ってみてくれない？それの日本語を答えられるかチェックしたいんだ」とお願いするのもいいでしょう。

同じように、いつも読んでいる参考書を逆から読んでみてもいいですし、何かをまとめるときにノートではなく、ルーズリーフを使って、そのルーズリーフをシャッフルして復習する、というやり方でもいいでしょう。

仕事であれば、**いつもの仕事の順番を変えてみる**のです。

「朝に資料整理を行うことが多かったけど、今日はデータ確認からやってみようかな」というように順番を変えてみます。**ちょっと順番が変わるだけで、実は意外と普段と感覚が変わる**ことがあるのです。

複数の本を同時並行で読んでいく、という勉強法もあります。

たとえば東大生の中には、こんな人がいました。

「世界史の勉強をするときに、私は教科書1冊と、参考書を5冊買って、それらを同時に使って勉強していました。まずは教科書を読みながら、同じ部分がほかの参考書ではどう記述されているのかを確認しました。そして、その部分がどのような問題として出題されているのかも、確認して勉強をしていました」

具体的に言うと、フランス革命についての記述があるページを読んでいるときに、ほかの参考書ではフランス革命をどう説明しているのか、というのを確認するわけです。

同じ物事を説明していても、本によって説明のしかたは変わってきます。それを見比べながら読むと、**参考書を読んでいても飽きないですむ**わけですね。

頼っている人を変えてみるのもいいかもしれません。

一度読んだら絶対に忘れない
文章術の教科書

文章を作ることは、いろいろな挑戦に必須のスキルです。この本では、読みやすい文章を書くためにはどんなことに気をつければいいのかが、わかりやすくまとまっています。
辻孝宗著、SBクリエイティブ

いつも同じ上司に話を聞いているけれど、**違う上司はどんなことをフィードバックしてくれるのか、というのを試してみる**のです。

こうやって、**複数のやり方を積極的に実践していくことで、努力が継続的になっていく**わけです。ぜひ試してみてください。

長期×処理

テクニック
1
まとめ

- 意識的に「やり方を変える」ことで、努力を継続させる
- 「順番を変える」「複数の本を読む」「頼る人を変える」など、さまざまな工夫で「やり方」を増やせる

長期×処理

テクニック 2

感情的になる

——頑張る前に「脳の仕組み」を理解しよう

「やり方を変える」のとは違った方法で、自分の努力を継続的にし、かつ仕事や勉強の効率を上げるためのテクニックがもう1つあります。

それは、**感情的になる**ということです。

みなさんは、仕事しているときや勉強しているとき、どんな顔をしていますか？

笑ったり怒ったりはしていなくて、ただずっと仏頂面でなんの表情もつくらずに努力している人が多いと思います。

でも、そうではなく、**感情を表に出しながら仕事や勉強をするほうがいい**のです。

「感情を表す人」のほうが目標を達成しやすい

具体的にご説明しましょう。

みなさんは、問題を解いて、その問題の答えが間違っているとき、自分に対する怒りを覚えますか？　それとも、「まあ、しかたがないな」と受け入れるでしょうか？

結果に結びつくのは、前者の「自分に対して怒りを持つ人」です。

できなかった問題があったことに対して「どうしてできなかったんだ！」「なんでこんな単純なことに気づけなかったんだ！」と苛立ちを覚えると、その問題を忘れないようになり、「次は絶対に間違えないぞ！」と思って復習することができます。

逆に、**正解したときにも、「やった！　解けた！」と本気で喜ぶほうが勉強の結果につながります**。その問題が脳に残りやすくなりますし、また勉強のモチベーションが上がって、勉強が継続的になっていきます。

これは、**東大合格者の多い進学校のクラスでは、当たり前に目撃できる現象**です。

真剣に問題に取り組み、1つの問題に対して一喜一憂し、問題が解けなくて悔し泣きする生徒がいるのも普通です。たかが1問に対しても、真剣に取り組み、しっかりと感情を動かしながら解いている生徒は、その努力が結果につながりやすいのです。

その理由は、**「感情の起伏があるほうが、脳に残りやすいから」**だと思います。

記憶を司る脳の器官である海馬は、感情を司る扁桃体から、感情に関する情報を受け取り、その情報をもとに記憶が蓄積されていくとされています。ですから、**勉強の際に自分の感情が動かなかったとしたら、それはただ目を動かしているだけで、脳にまで情報を届けていないに等しい**のです。

「この問題を間違えた」という情報を脳に送ったときに、ただ文字列として「この問題を間違えた」と送っていても、脳には溜まらないのです。

この問題を間違えて「悲しかった」とか「悔しかった」とか、本人の感情の起伏やなんらかのストーリー、エピソードがあって、情報は初めて忘れにくくなるのです。

何も感情を動かさずに淡々と努力していても、頭には何も残りません。

勉強の結果が出にくい人は、勉強以前の問題として、感情を動かすのが苦手だからうまくいかないことが多いです。

同じように、**勉強しているときに「なるほど！　面白いな！」と思うことはとても**

10代から身につけたい探究型思考力
アカデミックマインド育成講座

物事を粘り強く考え、「なぜ」「どうして」と問うことは、多くの挑戦において扉を開く鍵になってくれます。この本にはそのための方法が載っていますから、思考力を養うことができると言えます。
東大カルペ・ディエム著、西岡壱誠監修、東京書籍

重要です。

授業で先生の話を聞いている際に、先生が言うことに対して「**なるほど！　そうなのか！**」とか「**この話って、これとつながっているのか！　面白い！**」と感じる瞬間を大事にして、しっかり**1つひとつ丁寧に、驚いたり不思議がったりしている人は伸びやすい**です。

東大の授業に参加していると、オーバーリアクション気味な東大生が多いことに驚かされます。いちいち教授の話に頷いていたり、先生がギャグを言ったときに笑ったり、面白いと思ったことが出てきたらメモをとりつつ大きく頷いてみたり、「なるほど」と口に出してみたり。

逆に、**伸び悩んでいる学生というのは、あまり感情を表に出していないことが多い**です。友人に成績で負けても悔しいと思わず、学校や予備校の授業をただ仏頂面で聞いているだけだと、やっぱり理解度や記憶への定着度合いが落ちてしまって、うまくいかないことが多いのです。

仕事でも「感情の表出」は効果大

勉強の話だけではなく、**仕事で活躍している人の中にも、かなりオーバーリアクション気味な人っています**よね。

感情の起伏がわかりづらい人よりも、ちょっとオーバーなくらいリアクションがある人のほうがとっつきやすいですし、営業成績がいいのは後者の人だと思います。とにかく**きちんと感情を動かしながら人の話を聞いたり、仕事をしたりするほうが、結果につながりやすい**のです。

記憶という意味では、感情と結びついた記憶は残りやすいと言われていますし、相手に与える印象という意味でもプラスです。

そしてなんといっても、**継続的に努力できる**ようになります。ただじっとなんの感情も動かさないでいるとつらいものですが、**感情が動けば、人間はそれを楽しむことができる**のです。

たとえば、みなさんは、大河ドラマと歴史の教科書の違いって何だと思いますか？

扱っている題材は一緒でも、大河ドラマのほうは「観たい！」と思う人が多く、歴史

小学生が5日でできる
東大式　超速！　読解ドリル

文章を読解する力は、どんな状況でも役に立ちます。本を読解することで開ける扉もあるかもしれません。ぜひこの本で、読解力を身につけてみましょう。
西岡壱誠著、実務教育出版

の教科書のほうは「やりたくない」と思う生徒が多いわけですが、この2つの違いって何なのでしょうか？

正解は、**「感情があるかどうか」**です。同じイベントを扱っていても、大河ドラマでは「この登場人物が涙したイベント」として扱い、歴史の教科書では単なる事実として扱ってしまいます。

そして**感情が見えたほうが、人間はのめり込みやすい**です。なぜなら人間は、感情的な生き物だからです。

感情を知るときに重要なのは、**対話を想定すること**です。本を読んでいるときでもメールを見ているときでも、相手を実際に想定して、コミュニケーションをとるかのような感覚で確認するようにします。

『ドラゴン桜』で桜木先生は、東大の長い試験時間で集中するための方法について解説していますが、まさにここまでの話と同じことを言っています。

『ドラゴン桜』11巻・99限目「東大模試当日」

なぜ受験生は解けなかったのだろう
解いてほしい問題だったのにとがっかりしてさびしがるそうだ
出題者の受験生への気持ちを感じようとする姿勢が大切だ
MONO
わからない時は問題に問いかけてみるのだ
実際に心の中で声を出して会話を試みてみろ
「どうしてここには注がついているんだろう?」
「わからなくてもいい単語には注はつけないよ その注は作品の背景を知るためのヒントだよ」
「なんでここを訳せっていう問題なのかな」
「重要な構文があるよ それを知っているか聞いているのだよ」

というように
芝居形式で
心の中で出題者と
対話をすると臨場感が
高まって集中が持続する
これが集中力を
高めるための
工夫の秘訣だ
出題者に期待されて
いるのに
対話が成立しないと
悔しいだろ
対話をしようと
工夫をしてれば
150分だって
決して長くない
というより
あっという間に
感じるだろう
そうか…
納得…

オーバーリアクションで、自分の感情を増幅する

また、**オーバーリアクション**をすることもおすすめです。**嘘でも演技でもいいので、とにかく感情の起伏が大きいように「振る舞ってみる」**のです。

自分が本当にそう思っているかどうかは、あまり関係ありません。とにかく、嘘でもいいので、思ったことをオーバーに表現してみるのです。

勉強で言えば、たとえば次のような感じです。

・問題が解けたときには、嘘でもいいから、ガッツポーズをしてみる
・間違えたときには「チクショー！」と机を叩いてみる
・勉強中、嘘でもいいから「面白い！」と言ってみる
・何か理解できたところがあったら「わかった！」と口に出してみる

とにかく、どのような形でもいいので、**自分の感情を表出させていくイメージ**です。

さて、そうはいっても、

「自分は、感情の起伏は激しくないが、頭の中で考えていることはある」

「だから、わざとそれをオーバーに実践する必要はないんじゃないか」

という人もいらっしゃるかもしれません。


しかし、それでも僕は、どんどん言葉や態度に表していくべきだと思います。

顔や言葉に表れない感情がある人もいるかもしれませんが、**態度や行動を変えると、感情は増幅します**。口角を上げて笑顔の形をつくると、自然と「面白い」という感情がつくられるものです。


やはり顔や言葉に感情を乗せていくべきだと思います。

「独り言」も強い感情の増幅装置

もう1つこれに関連しておすすめなのは、**「独り言をしゃべる」**というものです。

結果を出す人は、「独り言」が激しい人が多いです。


東大生でも、誰も何も話していないにもかかわらず、1人で「あ、なるほどこの問題はこう解くのか。ってことは、ここをこうすればいいから〜」とか、ずっとしゃべり続けている人は多いです。

誰も聞いていないことを前提にして、自分で思いついたことを口に出して感情を表出させていくと、**感情が豊かになり、自分の感情の整理もできて、継続的に努力しやすくなる**のです。

いろんな手法を使って、感情を動かしながら努力をすることで、長期間やらなければならない仕事にもうまく対応できるようになります。ぜひ参考にしてみてください。

長期×処理

テクニック 2 まとめ

- **感情を表に出したほうが、目標に近づける**
- **「表情を変える」「オーバーリアクション」「独り言」で、自分の感情を増幅する**

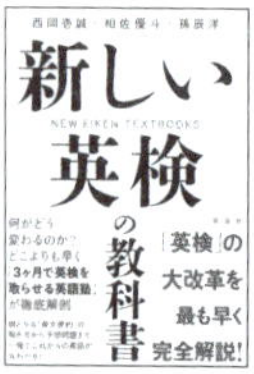

新しい英検の教科書

英検はどんどん変化しており、特に「要約」という新しい問題形式は、英語を超えて、読解力や論理的思考力を養成する問題として非常に興味深いものです。本書では新しい英検から見える、これからのエリート教育について教えてくれます。
西岡壱誠・相佐優斗・孫辰洋著、星海社

長期×処理

テクニック 3

スケジュールよりノルマを重視する

——頑張る前に「やるべきこと」を可視化し「いつまでにやるか」を決めよう

多くの仕事を、長い時間の中でこなしていくとき、やはり問題になるのは**「スケジュールどおりに進まないこと」**です。

「せっかく計画を立てたのにどうして！」となってしまうことも多いのではないでしょうか。

ですから、長期的にいろんな物事と向き合うときには、**スケジュールで物事を考えるのはよくない**と思います。

PART1ではスケジュールをギチギチに決めてしまうやり方を紹介しましたが、あれはすぐにやらなければならないものが差し迫っているときの対処法です。

長期的にやらなければならないものがあるときは、**スケジュールよりノルマを重視したほうがいい**のです。

これについて、『ドラゴン桜』では桜木先生がこんなふうに説明しています。

ふーん そうかあ納得
では 勉強に当てはめてみると……
40日間で何をするかといった長期計画は立てない
その代わりに毎日のノルマを決める

『ドラゴン桜』8巻・76限目「マーキング勉強法」

ノルマって…
でも それ…
今までと
どこが違うの？
例えば数学の
2次関数を2時間
やるというように
時間割では決める
だろう
けれども その
2時間を漫然と
勉強してしまったら
期待通りの実力は
つかない
計画
2次関数
2時間
ノルマ
その点ノルマなら
15問 問題を解くと
いうように具体的に
やるべきことが
決まっている
ノルマが終わるまで
やめてはいけない
理解するまで
ねばるのだ
逆に予想時間より
早く終われば
それ以上解く必要はない
休憩してリラックス
すればいい

各教科に具体的なノルマを設定してそれを毎日確実にクリアしていくことに専念するのだ
つまりいきなりマラソンをする気ではなく
ダッシュを何本もってことか
そうだ夏休みにはイーブンペースで長く走ろうと思うのではなく
短距離のダッシュを毎日繰り返してパワーをつけるイメージで勉強だ
さっきも言ったが低いハードルは意味がない適度の負荷がないと実力はつかない
自分にぴったりのノルマを見つけられるように夏の間は毎日ノルマを調整していくのだ

何かを始めようとする時綿密なスケジュールを立てて　それに沿って行動するのが最善だと思いがちだが
この固定観念がそもそも間違いだ
ええ…どこがいけないの？

まずどれだけ綿密な計画であってもその通り実現できる人など稀《まれ》だろう
実現できないのは精神力の弱さが原因なのではなく時間割を作るという計画の立て方に問題があるからだ
どこに問題があるのかそれは……
お前たちが計画を立てると結局は中身が願望の塊になってしまうからだ

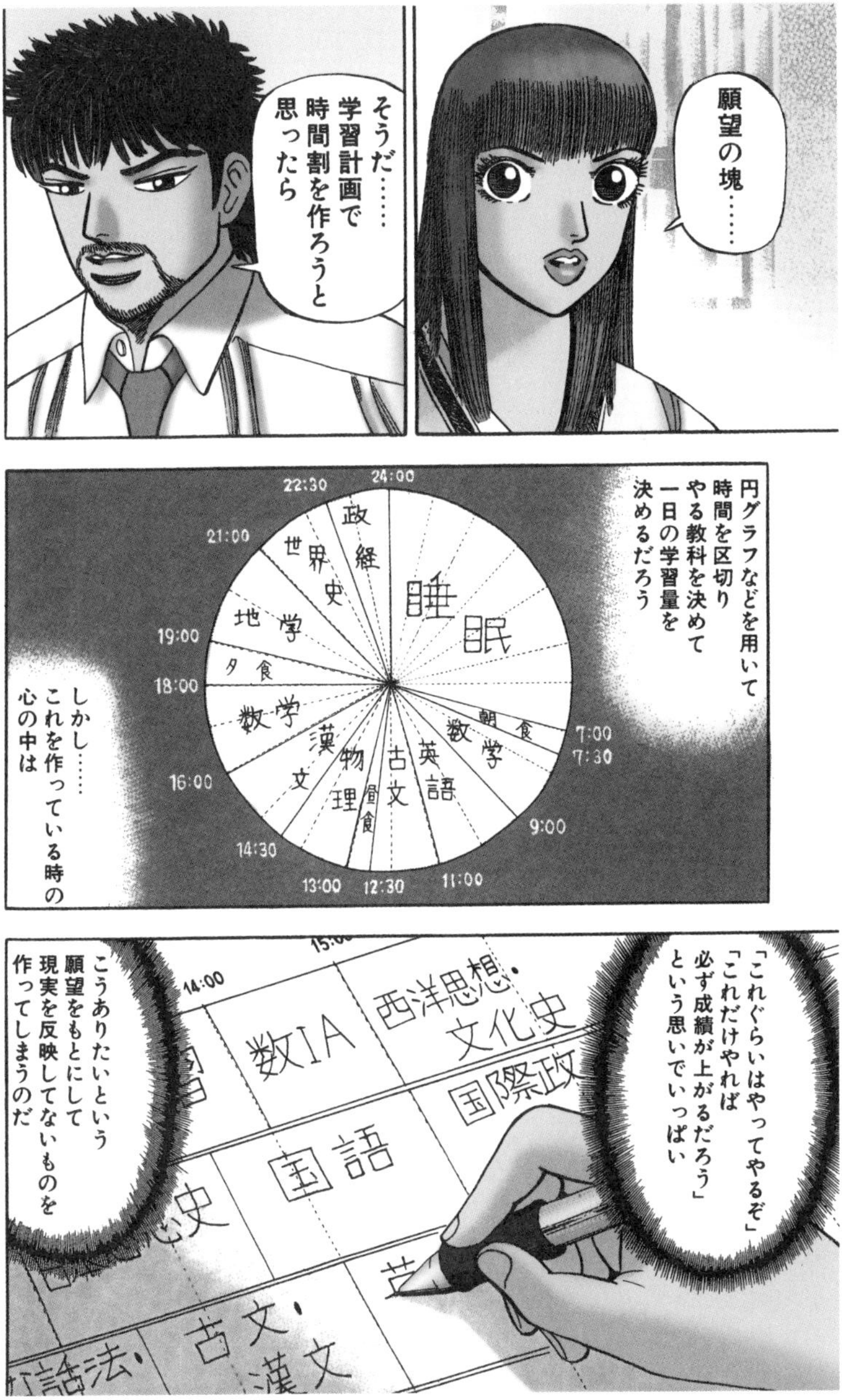
願望の塊……
そうだ……学習計画で時間割を作ろうと思ったら
円グラフなどを用いて時間を区切りやる教科を決めて一日の学習量を決めるだろう
24:00
22:30
21:00
19:00
18:00
16:00
14:30
13:00
12:30
11:00
9:00
7:30
7:00
睡眠
朝食
数学
英語
古文
昼食
物理
漢文
数学
夕食
地学
世界史
政経
しかし……これを作っている時の心の中は
「これぐらいはやってやるぞ」「これだけやれば必ず成績が上がるだろう」という思いでいっぱい
こうありたいという願望をもとにして現実を反映してないものを作ってしまうのだ
14:00
数IA
西洋思想・文化史
国際政
国語
古文・漢文

「スケジュールをつくると、願望の塊になってしまう」というのはまさにそのとおりで、理想をそのままスケジュールにしてしまうことになってしまうわけです。

では、どうすればいいのか?

やるべきことをリスト化する

まずおすすめなのは、とにかく**「何を終わらせなければならないか」をすべて、言語化してみる**ということです。

ここでは、「全部」書きます。数カ月後にこんなことをしなければならないとか、1年後にこういうことがあってとか、**やらなければならないことはとにかく細かく、すべて書く**ようにします。

たとえば東大生の多くは、1年後の受験を想定して、**「この勉強を終わらせれば合格できるリスト」**をつくっている場合が多いです。

「あと50~60日の間に、ここに書き出した勉強をすべて終わらせられれば合格ができるし、終わらせられなかったら不合格になる」というものを文字にして、明確にリスト化しているのです。

このようにしてすべてを明確にリスト化すれば、とにかくやることが明確になります。長い時間がかかるものだけど、それでも**ゴールがどこにあるのかがわかるようになる**のです。

人間、いちばんつらいのは**「いまやっていることが本当にゴールに近づいている行為なのか」がわからない**ときです。「こんなことやっててなんか意味あるのかな」と思い始めてしまうと、やる気もなくなってしまいます。

重要なのは、とにかく全部、書き出してみることです。

ゴールから逆算し、短い単位に割り振る

そして、**それを「どの月に終わらせるか」という形で分解**していきます。

「8月はＡをやろう、9月はＢをやろう。10月はＣをやって、11月までにＡ～Ｄまで終わればＯＫだ」と、長期的な視野で物事を整理するのです。

「この月にやるべきこと」が明確になったら、そこから**「じゃあ今週やるべきことは何か」「来週やるべきことは何か」**という形で、分解していきます。それが1週間のノルマになって、**そのノルマを達成し続ければゴール**、ということになるのです。

このようにして逆算的に思考してノルマをつくっていけば、うまく頭の中が整理され、やるべきことと向き合えるようになります。

また、先ほどお話ししましたが、**毎日のノルマ達成率が「80％」であってもいい**のです。1週間単位でそのノルマが達成できているのなら、日々のノルマがどれだけ未達成であっても問題ありません。

同じように、**1週間単位でノルマが達成できていなくても、1カ月でノルマが達成できればOK**です。辻褄を合わせていくように、ノルマと向き合っていくわけです。

こうすることで、長期的な挑戦であっても、クリアできるようになるのです。

長期×処理

テクニック 3 まとめ

- 長期では「スケジュール」より「タスク管理」がおすすめ
- やるべきことをリスト化し、逆算して「週単位」「月単位」に割り振る

PART
4
「長期×処理」型

「飽きてしまって、続かない」が一生なくなる5つの事前準備

マインド1 「100%」が計画どおりだと思わない

- 100%達成は、計画が甘すぎたのでむしろよくない
- 70~80%で「計画どおり」だと許容する

マインド2 1人で努力することをやめる

- 「他人に見られる」ことで努力は継続できる
- リアルでもネットでも、「ライバル」を設定する。ただし、交流する必要はない

テクニック1 1つのやり方に固執しない

- 意識的に「やり方を変える」ことで、努力を継続させる
- 「順番を変える」「複数の本を読む」「頼る人を変える」など、さまざまな工夫で「やり方」を増やせる

テクニック2 感情的になる

- 感情を表に出したほうが、目標に近づける
- 「表情を変える」「オーバーリアクション」「独り言」で、自分の感情を増幅する

テクニック3 スケジュールよりノルマを重視する

- 長期では「スケジュール」より「タスク管理」がおすすめ
- やるべきことをリスト化し、逆算して「週単位」「月単位」に割り振る

おわりに

『なぜか目標達成する人が頑張る前にやっていること』、いかがだったでしょうか。

生きていると、いろんなことを頑張らなければなりません。

仕事では何らかの目標数値があってそのために頑張る人が多いでしょうし、勉強でも「こういう資格を取りたい」「こういう高校・大学に行きたい」と思って努力をした人が多いのではないかと思います。


生きるとは、挑戦の連続だと言っていいでしょう。

そして、それが「挑戦」である以上、当然、うまくいくこと、うまくいかないことがあります。成功すること、失敗すること、勝つこと、負けること、あると思います。

でも、**「挑戦」をしている人は、その結果にかかわらず、成長することができます**。

もしうまくいったら、達成感を得ることができ、「こういうポイントがあったから、うまくいったのかな」と考えることができるようになります。

逆に、**うまくいかなくたって、次に活かすことができます**。頑張って結果が出なかったら、「もっとこうしなきゃならない」と失敗から分析するでしょう。**どんな挑戦であったとしても、挑戦している人は、次に活かすことができる**のです。

本書を読んだみなさんは、正しい挑戦の仕方について学べたはずです。しかしそれは、「挑戦して、失敗しないための方法」を学んだということではないのです。**「挑戦を、しっかりと次に活かして、より大きな挑戦をしていくための方法」**を得られたと考えていただければと思います。

何度も言いますが、人生は挑戦の連続です。そして挑戦したら、失敗することもあります。でも、**重要なのは、それを次に活かして前に進むこと**です。

この本が、みなさんが前に進むための糧になってくれるのであれば、こんなに嬉しいことはありません。ありがとうございました。

2024年12月

チームドラゴン桜一同

チームドラゴン桜

逆転合格した「リアルドラゴン桜」東大生と、「リアルドラゴン桜」を指導した経験のある講師の集団。多くの「逆転合格」をした現役東大生が集うとともに、大手予備校で30年以上指導してきた経験のある講師をはじめ、ベテラン講師も参加している。

全国複数の学校でワークショップや講演会を実施。年間1000人以上の生徒に学習指導しており、多くの「リアルドラゴン桜」を輩出している。

2023年にはMBSテレビ『月曜の蛙、大海を知る。』の企画で、「シングルマザーで子どもを3人育てながらタレント活動をする小倉優子さんが、大学合格を目指す」というプロジェクトを総監修。偏差値30台から見事、学習院女子大学補欠合格、白百合女子大学合格を勝ち取った。

本書を執筆した「チームドラゴン桜」メンバー

西岡壱誠（にしおか いっせい）

現役東大生、「チームドラゴン桜」リーダー、株式会社カルペ・ディエム代表
1996年生まれ。偏差値35から東大を目指すも、現役・1浪と、2年連続で不合格。崖っぷちの状況で開発した「独学術」で偏差値70、東大模試で全国4位になり、東大合格を果たす。
そのノウハウを全国の学生や学校の教師たちに伝えるため、2020年に株式会社カルペ・ディエムを設立。全国の高校で高校生に思考法・勉強法を教えているほか、教師には指導法のコンサルティングを行っている。また、YouTubeチャンネル「ドラゴン桜チャンネル」を運営、約1万人の登録者に勉強の楽しさを伝えている。
著書多数。『東大読書』『東大作文』『東大思考』『東大独学』『東大算数』（いずれも東洋経済新報社）はシリーズ累計45万部のベストセラーになった。

布施川天馬（ふせがわ てんま）

現役東大生
1997年生まれ。世帯年収300万円台の家庭に生まれ、幼少期から貧しい生活を余儀なくされる。金銭的、地理的な事情から、無理なく進学可能な東大進学を志すようになる。

高校3年生まで部活動や生徒会長としての活動をこなすが、自主学習の習慣をほぼつけないままに受験生となってしまう。予備校に通うだけの金銭的余裕がなかったため、オリジナルの「お金も時間も節約する勉強法」を編み出し、1浪の末、東大合格を果たす。

現在は、自身の勉強法を全国に広めるための「リアルドラゴン桜プロジェクト」を推進。また、全国の子どもたちを対象に、無料で勉強を教えるYouTubeチャンネル「スマホ学園」にて授業を行う。

著書に『東大式時間術』『東大式節約勉強法　世帯年収300万円台で東大に合格できた理由』（ともに扶桑社）、『人生を切りひらく　最高の自宅勉強法』（主婦と生活社）などがある。

黒田将臣（くろだ まさおみ）

現役東大生
東大合格者0人の高校で、入学当初は下から数えたほうが早い順位だったが、東大受験に合格するためのテクニックをハックし、2浪して東大に合格した。いまだに努力神話の建前が根強い一方で、進学校や予備校などの高額な教育産業が受験ノウハウを独占している受験の世界を変えるため、カルペ・ディエムに所属して、自分で受験のゴールを設定し、自力で東大合格できる受験生を1人でも増やすために活動している。
著書に『ビジネスとしての東大受験　億を稼ぐ悪の受験ハック』（星海社）がある。

相生昌悟（あいおい しょうご）

現役東大生
2000年生まれ。地方公立高校出身。高校入学当初から勉学に励み続けるも、思うような結果に結びつかず、努力の仕方を考え始める。最終的に、努力を必ず目標達成に導く「目標達成思考」を確立し、高校3年時に東大模試で全国1位を獲得。その後、東京大学に現役合格。
現在は自身の経験を全国の教師や学生に伝えるべく、「リアルドラゴン桜プロジェクト」で高校生にコーチングを行っている。
著書に『東大式 目標達成思考　「努力がすべて」という思い込みを捨て、「目標必達」をかなえる手帳術』（日本能率協会マネジメントセンター）、『東大入試徹底解明　ドラゴン現代文』（共著、文英堂）がある。

永田耕作（ながた こうさく）

現役東大生
公立高校から学習塾に入らずに現役で東京大学理科一類に合格。東京大学の進学振り分けシステムにおいて文系へと転向し、現在は東京大学教育学部に所属。同時にカルペ・ディエムに所属し、さまざまな学校の高校生に「勉強との向き合い方」や「努力の大切さ」を伝える講演活動を実施している。自分自身のこれまでの経験や、大学で学んでいる教育論を整理しつつ、中学生・高校生とも触れ合いながら自分自身の考えを洗練させている。
著書に『東大生の考え型　「まとまらない考え」に道筋が見える』（日本能率協会マネジメントセンター）などがある。

松島かれん（まつしま かれん）

現役東大生
高校生のころ自分に自信がないことをとても悩んでいた。何かを頑張って、自分を信じられるような人間になりたい、との想いから東大受験を決意。しかし、高校1年生で受けた模試では、数学の問題別偏差値で39を取り、国語の解答用紙の使い方もわからず、東大が目指せるような成績ではなかった。
そんなときに出会ったのが「手帳」である。合格までの日々を逆算して、模試や時期ごとの目標を立てられるだけでなく、日々の自分をコントロールできると気づいた。夢を叶えるために必要な「時間・体力・気力」を手帳によってコントロールできるようになったのである。加えて、手帳を書き始めてから、自然と前向きに勉強を頑張れるようになっていた。その結果もあって、内部進学者がほとんどの高校から学年1人、東大に現役合格を果たす。
著書に『無理せず自然に成績が上がる勉強のトリセツ　東大生の合格手帳術』（日本能率協会マネジメントセンター）がある。

濱井正吾（はまい しょうご）

教育系ライター
兵庫県出身、1990年11月11日生まれ。「9浪はまい」のニックネームでTwitterやYouTube、テレビ出演などを行っている。
大阪産業大学経済学部経済学科に入学後、龍谷大学経済学部現代経済学科に編入学し、卒業。高校時代にいじめを受けたことから、社会的に偉くなっていじめっ子を見返したいと思い、在学中から仮面浪人として受験勉強を4年間続ける。大学卒業後、証券会社に契約社員として就職したが10日で自主退職、同月中に配置薬会社に再就職。昼は会社、夜は予備校という生活に。同社退職後は受験勉強に専念し、9浪で早稲田大学に一般受験で合格し、2018年に教育学部国語国文学科入学、2022年卒業。現在はカルペ・ディエム所属。
著書に『浪人回避大全　「志望校に落ちない受験生」になるためにやってはいけないこと』（日本能率協会マネジメントセンター）がある。

青戸一之（あおと かずゆき）

東大卒講師
1983年生まれ。鳥取県出身。地元の進学校の高校を卒業後、フリーター生活を経て25歳で塾講師に転身。26歳から塾の教室長としてマネジメント業務を行う傍ら、学習指導にも携わる。
29歳のときに入塾してきた東大志望の生徒を不合格にしてしまったことで、自身の学力不足と、大学受験経験の欠如を痛感する。どんな志望校の生徒でも指導できるように、まずは自分が最難関である東大に受かるだけの力をつけようと思い、30歳で東大受験を決意。塾講師の仕事をしながら1日3時間の勉強を続け、33歳で合格。
在学中も学習指導の仕事に携わり、現在は卒業してキャリア15年目のプロ家庭教師、塾講師。東大在学時の所属は文学部英文科。

【著者紹介】
チームドラゴン桜
逆転合格した「リアルドラゴン桜」東大生と、「リアルドラゴン桜」を指導した経験のある講師の集団。多くの「逆転合格」をした現役東大生が集うとともに、大手予備校で30年以上指導してきた経験のある講師をはじめ、ベテラン講師も参加している。全国複数の学校でワークショップや講演会を実施。年間1000人以上の生徒に学習指導しており、多くの「リアルドラゴン桜」を輩出している。
2023年にはMBSテレビ『月曜の蛙、大海を知る。』の企画で、「シングルマザーで子どもを3人育てながらタレント活動をする小倉優子さんが、大学合格を目指す」というプロジェクトを総監修。偏差値30台から見事、学習院女子大学補欠合格、白百合女子大学合格を勝ち取った。

なぜか目標達成する人が頑張る前にやっていること

2025年2月11日発行

著　者———チームドラゴン桜
漫　画———三田紀房（『ドラゴン桜』『ドラゴン桜2』）
企画・編集協力——コルク（中村元、井上皓介）
発行者———山田徹也
発行所———東洋経済新報社
〒103-8345　東京都中央区日本橋本石町1-2-1
電話＝東洋経済コールセンター　03(6386)1040
https://toyokeizai.net/

ブックデザイン……成宮成（dig）
ＤＴＰ……………キャップス
印刷・製本………丸井工文社
編集担当…………桑原哲也

ISBN 978-4-492-04787-3